# Aime, ma fille, aime !

Marie-Alix de Putter

récit

**ISBN : 978-2-35618-164-0**

Couverture par Nelly Monnier d'après une idée de Laurent Vincenti.

20190492

Pour Rachel

*Dans ce témoignage autobiographique, l'auteure a tenté de recréer des événements, des lieux et des conversations à partir de ses souvenirs. Afin de préserver leur anonymat, dans certains cas, l'auteure a changé le nom des personnes et des lieux, voire certaines caractéristiques d'identification. Ainsi, certains noms et détails ont été modifiés pour protéger la vie privée des personnes et leurs droits, y compris le droit au respect de leur vie privée.*

# Prologue

*« À toutes les femmes fortes,*
*Puissions-nous les connaître,*
*Puissions-nous être elles,*
*Puissions-nous les élever.* »

Chère Rachel,

Tu auras bientôt sept ans. Cela fait longtemps que je voulais te raconter cette histoire et, je pense que le moment est venu. Je sais que tu aimes les histoires. Celle-ci est un peu spéciale. C'est celle d'une femme qui était censée être forte, imperméable aux malheurs.

Cette histoire qui est la mienne, est aussi un peu la tienne et celle de tous ceux qui ont connu l'amputation de ce à quoi ils tenaient le plus. Et pourtant, à la fin, tu verras, elle parle aussi de détermination, de l'amour et de la beauté de la vie.

La mort est inéluctable. Les tragédies, elles, ne surviennent que dans la vie de quelques-uns. Ton papa a été tué à Yaoundé, au Cameroun, dans ce pays où j'ai passé mon enfance et mon adolescence, dans ce pays où j'ai vécu avec lui, où tu as été conçue, où nous avons famille et amis.

Qui a fait ça ? Pourquoi ? Comment ça s'est passé ? Jusqu'à présent, je n'avais rien dit. Il fallait être forte et avancer.

Vois-tu, être forte ne veut rien dire quand tout va bien. Les épreuves de vérité, ce sont les tourments. En lisant ces lignes écrites pour toi, tu comprendras d'où viennent ces principes que je te répète sans cesse, afin que tu les fasses tiens si tu les veux.

**Cultive sans cesse la confiance en toi** : quand on est femme, on est forcément leader. Sois qui tu es, peu importe ce que la société pense avoir élaboré comme règles. Tu es au-dessus des rôles assignés par le genre et tu peux tout faire dans la vie. Il paraît que les femmes fortes font peur. S'il y a des gens que tu effraies et qui s'enfuient, remercie-les, ils n'ont pas de place dans ta vie. Ne sacrifie jamais ton authenticité pour plaire à quiconque. La première personne à qui tu dois te soucier de plaire, c'est toi-même.

**Quand on tombe, on se relève.** Peu importe les difficultés de la vie, il nous est toujours possible de transformer ce qui nous arrive en expérience positive. Oui, peu importe la longueur du labyrinthe, la profondeur des doutes et la proximité de la mort, choisir la vie reste une courageuse option.

**Quand on n'y arrive pas, on réessaye.** Face aux difficultés, reste debout et en mouvement. Rien n'est permanent. Tout passe, et tout recommence. Quand certains se féliciteront de tes difficultés, riront de tes malheurs, n'oublie pas que le mal ou le bien que les gens font raconte ce qu'ils sont et pas ce que tu es. Alors, face à l'adversité, fais-toi confiance, persévère.

**Tout ce qui part, revient.** Donne sans compter et n'oublie pas que nous sommes tous égaux face à la mort. La gloire, le succès, et la réussite sont éphémères. Ils ne doivent jamais te faire oublier l'humanité que tu partages avec les Autres. Parfois, ce sont de parfaits inconnus qui seront à tes côtés lorsque tu seras abandonnée par tous, y compris, et surtout, par ceux dont tu croyais la loyauté et l'amitié acquises (d'ailleurs, rien n'est jamais acquis : ni l'amitié, ni l'amour, ni la haine).

***Love.Is.Everything. :*** l'amour, il ne reste que cela quand tout est terminé. Puisque tout ce qui naît un jour, meurt, et que dans cette mort on n'emporte rien d'autre que l'amour donné et l'amour reçu. Aime, ma fille, aime !

Tu es née libre, forte et souriante. N'oublie jamais de le rester.

# Chapitre Un : L'indicible

*« Vivant jusqu'à la mort. »*

Paul Ricoeur

La panique est froide. Comme les yeux de ton papa, d'un bleu vitreux. Froide, comme ma solitude face à l'incompréhensible. Lorsqu'un regard paniqué croise un regard vide, et il ne se produit rien. C'est le néant. Dans une multitude de gestes désordonnés, je suis là, je fais tout, et de toute évidence n'importe quoi, pourvu que j'agisse. Je prends son pouls au poignet, rien. Trop impatiente, j'écoute son cœur. Bat-il ? Je ne sais pas. Mon cerveau s'est arrêté. J'ignore tout simplement ce qu'il faut faire. Que faire lorsque la personne qu'on aime le plus au monde ne bouge pas, ne parle pas, ne réagit pas ? Qu'y a-t-il à faire quand on ne sait que faire ? Je ne sais pas. Alors, je le prends dans mes bras, je lui parle, je prie, je pleure :

- Mon *chéric* (c'est ainsi que j'appelais) dit quelque chose, parle-moi. « Ils » ne peuvent pas gagner. « Ils » ne peuvent pas gagner. « Ils » ne vont pas gagner.

On dirait un mauvais film dans lequel je tiens le rôle de l'actrice qui énerve le spectateur qui, lui, a réponse à tout. Sauf que cette fois c'est réel. Car, si dans les fictions, un miracle se produit et le souffle repart, là, il n'en est rien. Ton père est dans mes bras, son sang coule partout sur l'immaculé de son T-shirt, et il ne bouge pas. Le bouche à bouche que je tente est terrible. Pendant que j'essaye de faire comme j'ai parfois vu faire, je me reproche simultanément de ne pas savoir le faire alors que lui le savait. Oui, lui, il était parfait. Il savait tout. Il était sage. Il était prévoyant. Il avait fait sa formation premier secours. C'est un moment doublement pénible pour moi : entre l'espoir de voir que ça marche et la panique à l'idée que ça n'a pas l'air de marcher. Je regarde ses yeux … Je me demande ce qui leur arrive … Je ne sais que dire, mais dans ses yeux de plus en plus brillants d'un bleu que je me refuse à décrire, je sens que c'est grave. Je sais que c'est grave.

Très vite vient le moment où je me retrouve serrée avec six autres personnes dans la voiture qui nous emmène à l'hôpital. Quel hôpital ? Je n'en sais rien. Je m'en fiche. Mon premier coup de fil est pour Jean-Luc. Je respecte les consignes de sécurité. C'est lui qu'il faut contacter pour prendre le relai. A partir de là, j'ai atteint le maximum de lucidité pour la soirée.

Deux personnes portent Eric à l'arrière. Un de ses meilleurs étudiants, celui qu'il voulait accompagner dans la rédaction de son mémoire, celui pour qui nous sommes restés au Cameroun, Samuel. C'est lui qui tient la tête de ton papa. Sa tête est instable, comme décollée de son cou. Un autre tient ses jambes. Qui est-ce ? Je ne le connais pas. Il me fait peur. Je me dis que c'est peut-être lui l'assassin venu jusque dans la voiture vérifier le succès de son carnage. « Est-ce qu'il respire ? » « Est-ce qu'il bouge ? » « Faites attention à sa tête ! » Je hurle et tout le monde m'ordonne de me calmer et là, j'enrage. Comment puis-je me calmer ? Ils sont fous !

« Ils sont tout simplement ma-la-des », pensai-je alors que Victoire, celle qui conduit, parle, elle aussi. À qui s'adresse-t-elle ? Prie-t-elle ? Je n'en sais rien. J'entends des voix mais j'ignore qui parle et qui dit quoi.

Nous arrivons à l'hôpital. Des bras portent Éric jusque sur une civière et nous nous engouffrons dans le bâtiment. Il y a déjà des patients allongés ici ou là, des patients qui errent dans le couloir central éclairé d'une lumière vive, presque agressive. Le médecin de garde a un air curieusement détaché. Je l'implore de prendre soin de mon époux. Il me regarde à peine.

S'en suit alors le va-et-vient du personnel médical.

J'appelle mes parents, Papy et Malou – qui ne sont pas là. Ton grand-père est à Douala, ta grand-mère est malade, elle se soigne en France. J'appelle ma marraine, Tata Chantal, qui est médecin à Douala. Je veux son avis médical et je sais qu'elle ne me mentira pas. Et lorsqu'elle me répond aussi calmement que possible « Marie-Alix, il va falloir être forte ». Quelque chose en moi commence à comprendre. Je raccroche.

On vient me demander de l'argent. Car oui, au Cameroun, il est de coutume de donner une caution plus de l'argent pour l'achat du matériel quasi-inexistant dans les hôpitaux publics. A cet instant, je réalise que je ne connais pas le code de la carte bancaire. Je ne m'occupais pas du tout du compte bancaire commun et donc je ne connais pas le code de la carte. Ton père scrutait son compte bancaire tous les jours ; depuis l'ouverture de celui-ci à sa majorité, il n'avait jamais été à découvert, il n'avait pas de prêts bancaires et aucune dette. En plus de surveiller ses comptes, il tenait son propre tableur Ubuntu de toutes ses dépenses, au centime près. Son grand-père maternel était expert-comptable, cette rigueur financière devait être de famille. En sachant que jusqu'à notre rencontre le découvert bancaire faisait partie intégrante de mon budget, il nous avait semblé évident que chacun garderait son compte personnel pour gérer ses finances librement, avec un compte commun pour les dépenses de couple. Ce soir-là, je sais donc exactement ce qu'il y a sur le compte commun : 358 euros.

Mon réflexe ? J'appelle maman. Sa maman. Ta Oma. Au son de voix claire, je comprends qu'elle ignore ce qu'il se passe. Au son de ma voix paniquée, elle devine qu'il se passe quelque chose. La conversation est brève. Nous avions domicilié notre adresse chez eux le temps de notre séjour au Cameroun. Les courriers de la banque leur étaient donc adressés. Elle ne me donne pas le code et promets de le chercher puis de me rappeler. Je raccroche. Je découvrirai plus tard un mail qu'elle a envoyé à Eric après mon appel, inquiète de ma demande dans un contexte qui lui semble incompréhensible.

Je demande des nouvelles d'Éric. Personne ne me parle. Personne ne me regarde. On me répond qu'il faut prier. PRIER ? Prier qui ? Prier quoi ? Tout de même, que puis-je faire d'autre ?

A cet instant, l'interne vient interrompre mon questionnement et la recherche du distributeur le plus proche. Tout essoufflé, il vient en courant nous dire qu'on n'aura plus besoin de caution. Je panique. S'ils n'ont plus besoin d'argent c'est que… c'est fini. Alors un calme froid s'empare de moi. Je pose la question de savoir ce qui se passe. Personne ne me répond. La silhouette du médecin curieusement détaché, grand et plutôt en embonpoint, cache la porte du bâtiment.

« Qui est le représentant de la famille ? » demande-t-il en regardant toute l'assistance.

Au moment où je m'avance, je suis dépassée par une enseignante de l'Université qui dit d'une voix forte : « C'est moi, Priscille ». Elle pleure. Je la vois suivre le médecin.

Cette scène me rappelle une conversation que nous avions eu une semaine auparavant au sujet de cet hôpital. L'épouse de « Pa' Pierre », le chauffeur de taxi qui nous conduisait souvent, venait de décéder. Il nous racontait que c'est ainsi qu'on l'avait appelé le représentant de la famille et qu'une seule personne avait le droit d'entrer. Il n'avait pas été autorisé à y aller, car son épouse et lui étaient séparés. A la tristesse de cette séparation définitive, il avait souffert d'être écarté et à peine considéré par sa belle-famille à la mort de sa femme.

Alors que je lui avais demandé comment il trouvait la force de se lever et d'aller travailler, il m'avait répondu qu'il n'avait pas le choix, et qu'il devait travailler pour nourrir ses enfants qui n'avaient désormais que lui pour seul parent. Je l'avais trouvé courageux…

Debout, impuissante, au milieu de cette cour remplie de curieux et d'inconnus, à l'instant où Priscille s'engouffre dans cet hôpital, je repense à cette conversation, et je pleure en silence. Elle revient précipitamment me demander un numéro de téléphone, celui de Jean-Luc. Je lui réponds mécaniquement. Je m'assoie par terre. Heureusement que j'étais « habillée » aujourd'hui.

Il faisait un temps magnifique et j'avais troqué le mini « kaba » pour un *tregging* noir tout terrain et un joli top violet. On était loin du style sophistiqué de la parisienne que j'avais été dans un passé qui me semblait lointain, mais au moins là, je pouvais me poser par terre sans crainte pour la bienséance.

Assise à l'écart de la foule, le regard perdu, j'essaie de comprendre ce que je fais ici. Le temps passe, je ne sais comment, voilà Priscille de retour. Je me lève. Elle s'est fait accompagner d'un professeur que j'avais vaguement croisé à l'Université et dont j'avais aussitôt oublié le nom. N'empêche. Tous les deux sont là devant moi, en larmes. Lui voulant me toucher. Moi fuyant des bras inconnus qui me répugnent. Dans un mouvement de vif recul, je les regarde. Je leur demande ce qui se passe.

- « Il est mort, n'est-ce pas Priscille ? » Elle n'ose pas me répondre et pleure de plus belle.

- « Priscille, ils ont tué Éric, n'est-ce pas » ?

Elle continue de pleurer et hoche la tête en voulant m'enlacer. Je la repousse.

- « Dis-le ! » je hurle littéralement. « Dis-le ! Dis-le ! »

Et là, les mots qui changeront à jamais ma vie, ta vie, nos vies entières, sont prononcés :

- « C'est fini Marie-Alix. Éric n'est plus là… » souffle-t-elle.

C'est ainsi que m'est assénée la nouvelle que je redoutais tant, que je ne voulais pas savoir, la mort de ton papa, celui que tu ne connaîtras jamais, qui ne te prendra pas dans ses bras, qui ne te dira pas à quel point il t'aime, qui ne jouera pas du violon pour toi, ne t'écrira pas de chanson, ni de poème, ni de prière. Il ne te dédicacera aucun des livres qu'il n'aura plus la possibilité d'écrire. Il ne t'emmènera pas à l'école le matin, ni à l'équitation les samedis. Il ne t'écoutera pas à longueur d'heures. Il ne te racontera pas ses blagues pas drôles. Il ne sera pas là à tes 18 ans pour t'offrir ta première bouteille de vin rouge, comme le veut la tradition dans sa famille. Il ne sera pas là pour se réjouir de tes moments de joie, et te consoler lorsque tu auras de la peine. Non, il ne fera rien de tout cela. Il est mort. Quelqu'un l'a tué.

Mon cœur s'arrête. Je m'écroule et je suis aussitôt rattrapée par des bras, j'ignore lesquels. La vie quitte peu à peu mon cœur, mon sang, mon regard. La gladiatrice insoumise disparaît. La jeune femme pétillante perd ses bulles éclatantes de joie.

- Madame de Putter… suivez-nous s'il vous plaît. Nous avons besoin de vous pour identifier le corps ; le « grand » monsieur parle et sa voix pourtant forte, voire tonitruante, résonne au loin.

Je suis le personnel médical à travers l'hôpital. Nous passons devant les lits de malades où sont allongés des êtres dont on se sait plus dire s'ils sont vivants ou morts. Et il y a cette odeur, un mélange d'alcool et de je-ne-sais-quoi si caractéristique des hôpitaux.

Nous tournons et passons devant une porte où est inscrite à la main « maternité ». Je mets la main sur mon ventre, tu es déjà là. Au bout du couloir, une porte donne sur une cour interne à l'hôpital qu'il faut traverser alors qu'il fait nuit et que l'éclairage est assez faible. Une, deux, trois, quatre et une cinquième marche plus haut, une nouvelle porte à droite. Le médecin s'éclipse et passe derrière moi.

Je le vois. « Beau gosse », pensai-je, comme à chaque fois que je le regardais. Je le lui disais d'ailleurs souvent, à ton papa, que je le trouvais beau. Ce qui le faisait toujours rosir. Il était là. Ses yeux tendrement fermés, il me semblait dormir. J'ai passé de nombreuses nuits à le regarder dormir et la même émotion m'envahissait à chaque fois. Son sommeil paisible, ses traits réguliers, son souffle doux, sa peau, une ode aux caresses et à la tendresse, cette bouche… Oh mon Dieu, cette bouche que j'ai embrassée tant de fois est là en offrandes aux baisers amoureux, aux paroles apaisantes et toujours sages.

Je lui caresse la joue. Je ne crois pas qu'il soit mort. Il dort. Le collier argenté que je lui avais offert pour son anniversaire est de travers. Je le remets correctement. Il porte un t-shirt blanc que Malou, ta grand-mère, lui avait offert, avec le nom de son entreprise « Chrystalix ». Son pantalon noir impeccablement repassé lui sied comme toujours. Il avait les pieds nus. Alors qu'il mesurait 1m88, il chaussait à peine du 42… Cela m'attendrissait et faisait l'objet de plaisanteries entre nous.

Tout près de lui, je le regarde amoureusement et tendrement. Je me dis qu'il est vraiment outrageusement beau. J'enlace ses doigts comme nous avions tellement l'habitude de le faire pour se dire « Je suis là. Nous sommes là. Je t'aime. Tout va bien. » Tout va bien ? Peu à peu, des larmes silencieuses coulent sur mes joues. Je suis tirée de ma contemplation par des bruits de pas qui se font de plus en plus pressants derrière moi. La pièce est envahie par différentes personnes et différentes voix.

Je me retourne et m'emporte en silence. Je croise le regard de tous ces gens qui détestaient ton papa. Tous ces gens qui l'ont vomi. Que font-ils là ? Je ne peux partager une pièce avec eux. Je sors. Assise sur les marches de l'escalier, j'appelle très brièvement tour à tour mes parents et quelques intimes.

- « Siddi, je suis veuve !!!! Ils ont tué Éric ! Éric est mort, je crois que j'hallucine… »

- « Ce n'est pas vrai… Alix… », la voix de Siddikatou, ta marraine, se brise. Elle qui est toujours la plus sage et la plus calme de nous ne trouve pas les mots. Le choc est brutal pour elle aussi. Je sais qu'à cet instant elle se souvient d'une conversation que nous avions eue au cours de laquelle je disais ma crainte de quitter la ville de peur qu'en mon absence « ils » tuent Éric et que je me retrouve veuve. Elle avait ri. Elle trouvait que j'anticipais trop le mal et que c'était absurde.

Siddikatou est une femme exceptionnelle qui a mon entière admiration. Nous nous sommes rencontrées à Garoua, au Nord du Cameroun, dans les années 1990, quand nous étions en 6e au lycée Classique. C'est ma meilleure amie depuis plus de 20 ans. Siddi est une très belle femme, aux traits fins et réguliers. Elle fait près d'1m80 et à côté d'elle, porter mes talons de 16cm n'est pas futile. Elle a été mon témoin de mariage et c'est d'ailleurs elle qui a conduit ton papa à la mairie. Cardiologue, elle vit et travaille à Dakar avec son époux et leurs deux enfants. Depuis toujours, elle sait tout de moi, mes peurs, mes joies, mes pleurs, mes rêves.

- … Siddi, j'ai 27 ans, je suis enceinte et je suis veuve ! » concluai-je en raccrochant. La communication a duré 59 secondes. Puis, le silence se fait en moi. J'essaye de résumer mentalement la situation dans ma tête : Éric de Putter, la personne la plus incroyable que je connaisse, mon époux, mon meilleur ami, mon confident, mon amoureux, ce professeur brillantissime à l'intégrité sans faille, envoyé par les Églises de France enseigner la théologie à l'Université Protestante d'Afrique Centrale, a été tué, aujourd'hui, à Yaoundé, un dimanche 8 juillet 2012, sur ce même campus, dans un bureau, où il recevait collègues et étudiants.

Les idées désordonnées envahissent mon esprit et j'assiste alors à un spectacle dont j'aurais pu rire jaune si la vie ne m'avait pas quittée. Des personnes de l'Université qui ne nous adressaient jamais la parole, ceux qui avaient bu le bon vin que nous leur avions offert sans jamais rien demander ni recevoir en retour, ceux qui avaient reçu pour eux et leurs familles des chocolats à Pâques sans un mot de remerciement, ceux qui avaient menacé publiquement ton papa, ceux qui avaient médit et fait de faux témoignages contre lui, ceux qui se cachaient pour nous dire de nous méfier, ils étaient là et jouaient des rôles. Certains faisaient mine d'être tristes, d'autres baissaient les yeux en essayant de scruter discrètement le visage de la désormais « veuve » que j'étais tout d'un coup devenue, les uns se lamentaient, et les autres se souvenaient à voix haute de la dernière fois qu'ils « lui » avaient parlé.

Pendant ce temps, j'étais assise par terre en silence, le regard vide et le téléphone éteint. Près de moi se trouvait notre seule amie du campus, Fidèle. Elle portait particulièrement bien son prénom ce soir-là. Elle partageait mon silence et de temps en temps cherchait des mots de réconfort.

Doctorante et féministe, Fidèle était l'épouse d'un étudiant d'Éric. Agée d'une quarantaine d'années, elle était toujours joyeuse et souriante. Ses origines béninoises lui donnaient un accent chantant complètement différent des tonalités du Cameroun. Brillante, son travail de recherche portait sur le rôle de la femme dans les Évangiles. C'était l'une des rares personnes qui se rendait publiquement au domicile de celui que tout le monde appelait « Prof Éric », le seul enseignant que chacun se permettait d'appeler par son prénom pour plusieurs raisons. La principale tenait au fait que ton papa tenait à être proche de tout le monde ; il refusait le côté révérencieux lié à sa fonction et la distance entre les personnes imposée par les codes sociaux locaux. Pour lui, comme pour moi, les êtres humains sont tous égaux, peu importe leur titre, leur fonction, leur sexe, leur religion (ou absence de religion), leur orientation sexuelle. C'était donc tout simplement qu'il répondait par son prénom. Il se trouve que par ailleurs, très peu de personnes, à l'exception du Recteur de l'Université, ne se risquaient à la prononciation du nom « de Putter ».

- « Maman Éric… » Commença Fidèle me voyant sombrer davantage.

Toutes les épouses de professeurs étaient appelées « mamans ». A cela, on leur ajoutait le nom de leur époux, de sorte que bien souvent on ignorait leur prénom et certainement leur nom de jeune fille. Un peu comme si, en devenant l'épouse d'un enseignant, leur identité s'effaçait complètement. Qu'en était-il de celle qui n'avait pas, ne voulait pas, ne pouvait pas devenir « maman » ?

Face à mon silence, Fidèle tente à nouveau une connexion :

- « Maman Éric… Pense au bébé… ne fais pas de bêtises, pense au bébé » me murmura-t-elle pour ne pas être entendue des autres.

Je n'arrivais à émettre aucun son. Pour toute réponse, mon regard lui répondit « oui, je pense au bébé, notre bébé d'amour… ».

Le morguier vint me demander la date de naissance de ton papa. La cour continuait de se remplir. Aux personnages de l'Université s'ajoutaient des membres de ma famille vivant à Yaoundé, la police camerounaise, des cadres dirigeants de France Volontaires et des diplomates de l'Ambassade de France au Cameroun. Soudain, j'aperçus un grand monsieur, bien en chair, une magnifique gandoura élégamment portée et dont la qualité du tissu ne laisse aucun doute quant au rang social de celui qui le porte. Il parlait calmement à un autre homme plus foncé et plus mince. Quand il s'est retourné, j'ai aussitôt hurlé en me levant :

- « Baba !!!!!!! »

D'un bond, j'ai atterri dans des bras bienveillants et chaleureux. J'ignorais comment il avait fait pour se trouver là. Je ne savais pas comment et pourquoi par le hasard des choses il se trouvait dans la ville, mais j'avais l'assurance qu'avec lui, j'aurai le maximum de tout ce qu'un père peut faire pour sa fille. Baba est le père de Siddikatou. C'est lui qui m'accompagnera toute la nuit dans ces heures sombres qui ont suivi la mort de ton papa.

# Chapitre Deux : La gladiatrice

*"I have chosen to no longer be apologetic for my femaleness and my femininity. And I want to be respected in all of my femaleness because I deserve to be."*

Chimamanda Ngozi Adichie

Vivre à Paris, c'est être en permanence en extase. Paris est une si belle fête qu'aucune honnête âme ne peut y être insensible. Et comme toi, je suis née sur la rive droite dans cette ville magique, bien que mon cœur batte pour la rive gauche où nous avons le bonheur de vivre. D'ailleurs, contrairement à certaines personnes qui ont un avis catégorique sur celles-ci, je pense que les deux rives ont un charme et offrent des plaisirs différents mais complémentaires. Que serait Paris sans ses deux rives ? Imparfaite. Comme moi.

Petite gladiatrice au regard féroce et à la voix aiguë, ma silhouette est faite de courbes assumées, après une adolescence d'anorexique. L'effet yo-yo, je connais par cœur. Tout a commencé en 2007, quand j'avais 22 ans, après une paralysie faciale afrigorée et un traitement de six mois aux corticoïdes. En quelques semaines, j'ai pris 18 kilos sans savoir comment ; et depuis, sur la balance, les chiffres vont et viennent au rythme des saisons. Merci la vie ! De cet épisode difficile, j'ai pu confirmer que si le seul critère du beau est l'harmonie entre le visage et le corps, alors, dans une société qui nous vend la perfection, aucune personne n'est vraiment belle. L'essentiel est ailleurs.

Comme toute parisienne qui se respecte, déambuler à pied dans ma ville fait partie d'un quotidien rythmé par mon travail, les sorties entre amis, et mon lit où je fais et défais le monde à volonté, ultime refuge de la petite fille blessée que je n'ai jamais vraiment cessé d'être. A mes amis qui ne comprennent pas mon amour indéfectible pour Paris, j'explique que cela tient peut-être au fait que l'anonymat de Paris m'a rendu la liberté d'aimer et d'accepter de conjuguer le verbe être au présent.

Tu me demandes souvent si enfant j'allais dans les villages comme ceux qui sont décrits dans les livres remplis de stéréotypes sur l'Afrique et que tu lis à l'école. Non. Je n'ai aucun attachement à un quelconque village où j'aurais été pendant les vacances enfant, où je me serais baignée dans les rivières, où je serais allée au champ avec mes grands-parents ou mes oncles et tantes, où j'aurais chanté au coin du feu les chansons traditionnelles de mes ancêtres, entourée de supposés lions, éléphants et girafes. Non. Ma famille a toujours été urbaine. Pendant les vacances, nous allions découvrir d'autres villes, au Cameroun ou ailleurs. J'ai déménagé suffisamment souvent pour ne pas avoir tous mes souvenirs réunis dans une ville qui aurait mes faveurs au détriment des autres. Je suis chez moi à Paris. C'est l'endroit où j'ai vécu le plus longtemps, où j'ai le plus de repères, le plus de souvenirs. Alors, oui, plus que tout j'aime ma ville natale.

Ma maman partage cet amour de Paris et a choisi d'y être au moment de me donner la vie. Je suis née là un hiver froid de 1985, j'y ai passé un an ou deux, puis elle m'a ramenée au Cameroun où j'ai grandi. Ma maman est une très belle femme. Depuis mon plus jeune âge, j'ai su qu'elle serait toujours plus belle que moi. À cela s'ajoute cette douceur, parfois énervante, tellement elle déborde de sincérité. Je ne connais personne d'aussi doux qu'elle. Le cœur sur la main, elle aime sans retenue et se donne sans compter. Depuis qu'elle a rejoint la mouvance pentecôtiste peu après ma naissance, sa paix intérieure irradie davantage son entourage qui regrette tout de même les années où elle s'habillait en Dior et en Prada, passait ses week-ends entre Paris, New York ou Milan, et où elle avait les faveurs des meilleurs partis du pays. D'ailleurs, c'est à l'occasion d'une soirée mondaine à Douala qu'elle a rencontré celui qui allait être mon géniteur. Premier chirurgien cardiologue du Cameroun, c'était un homme brillant qui, aussitôt Maman et moi rentrées au pays, disparut sans laisser de traces. J'ai longtemps pensé qu'il m'avait abandonnée parce que je n'étais pas le garçon tant attendu qu'une échographie avait faussement prédit. Enfant, j'ignorais que ma naissance n'avait rien d'extraordinaire pour lui : il avait plusieurs familles et c'était un généreux pourvoyeur de bébés, au Cameroun et même en Suisse. Lorsque plus tard, il avait souhaité que nous fassions connaissance, j'avais refusé et je ne l'ai jamais regretté, même après sa mort. Je n'ai pas le pardon facile.

Sans ciller, à son retour au Cameroun, Maman m'éleva seule, jonglant entre ses obligations professionnelles - elle était cadre dans une grande entreprise alimentaire - et moi. J'étais la meilleure amie des gardiens de l'école chez qui je m'attardais parfois le soir. Elle arrivait désolée et me couvait de son regard rempli d'amour auquel j'ai toujours succombé. Il est impossible de se fâcher contre ma mère. Nous partions tous les week-ends à la découverte du pays à bord de sa voiture rouge qu'elle conduisait sportivement. C'est à cela qu'on la reconnaissait dans la ville : une voiture rouge, une femme seule avec sa fille à l'arrière, filant à vive allure, c'était Louise et sa fille. Enfant unique, j'étais chérie et choyée, d'aucuns diraient gâtée. Cela les engage.

Ma maman est une enfant « du milieu ». Elle a deux sœurs, une aînée, Rosine et une benjamine, Thérèse. Il m'arrivait d'aller en vacances chez elles. Le plus souvent, c'était chez sa cadette car elle avait des enfants du même âge que moi. Il en fut ainsi l'été 1990.

Mon arrivée chez ma tante a toujours été ambiguë, partagée entre la joie de revoir mes cousins et le désir de rentrer au plus vite chez moi. La petite famille, le père, la mère et les trois enfants habitaient une maison cossue du quartier chic de Bastos, à Yaoundé. Là-bas, les journées s'écoulaient au rythme des nombreuses visites de la famille, des amis, des voisins. Mon oncle était cadre dans une grande banque de la place, ma tante, enseignante dans une école privée. Comme chez moi, il y avait une aide cuisinière qui préparait les repas, un gardien de jour comme de nuit, et un monsieur qui venait deux à trois par semaine pour faire la lessive et le repassage. Mais alors que chez moi, à Douala, j'avais la liberté de me réfugier dans mes livres, ici je devais participer aux tâches ménagères.

Quel supplice ce fut pour la petite fille de 5 ans que j'étais, de faire ces kilomètres de vaisselle laissée par les visiteurs qui se succédaient comme dans une chefferie. Je me souviens d'un dimanche soir où les marmites et les assiettes m'attendaient. J'avais mal au crâne pour avoir eu, dans l'après-midi, mes cheveux tressés sans ménagement. La coiffeuse avait une voix rauque et répétait :

« Marie-Alix, il faut souffrir pour être belle, tu comprendras plus tard, quand tu seras grande ». L'avenir lui donnera tort. Je n'ai jamais ni compris ni accepté d'avoir mal pour être belle.

Après avoir lavé, rincé, nettoyé pendant plus de trois heures, j'avais hâte de rejoindre mon lit et de retrouver mon livre. Mais le règlement de la maison voulait que le travail soit systématiquement contrôlé.

- Ce n'est pas bien propre. Il faut tout recommencer, m'a dit ma tante d'un ton sans appel. Insensible à mes pleurs, à mes grimaces et à mon regard noir, elle a tourné le dos et a rejoint les invités dans le salon.

« Il faut encore recommencer ! » J'ai pesté. Mais j'ai obtempéré. Je me disais que je rentrerais bientôt chez moi et qu'en fait je ne reviendrais plus jamais en vacances chez eux. La rentrée approchait. Mais, deux semaines avant la date prévue de mon retour à la maison et mon entrée au CP, une réunion familiale s'est tenue. Les trois sœurs se réunirent chez Tanty Thèrèse, et prirent une décision qui allait changer ma vie : j'allais rester vivre chez mon oncle et ma tante, pas chez ma mère. Ils avaient décidé de me garder afin que je grandisse dans une famille classique, conformément à la tradition africaine dans laquelle un enfant unique n'est ni souhaitable ni acceptable. Maman se laissa convaincre que c'était ce qu'il y avait de mieux. Quant à moi, personne n'a songé, à aucun moment, à demander mon avis.

Les premiers mois ont été particulièrement difficiles. Maman passait parfois me voir, jamais assez longtemps, et me manquait terriblement. Et pourtant, peu à peu, j'ai accepté cette structure familiale qui répondait à ma place aux questions que posaient certains sur une fille qui n'avait pas de père. La banque de mon oncle n'allait pas cesser de lui attribuer de nouvelles missions. En moyenne, tous les deux ans, nous déménagions dans une nouvelle ville, une nouvelle région. Chaque mouvement me troublait et m'obligeait à recréer des liens, mais au moins j'ai pu découvrir le Cameroun en profondeur, du Littoral à l'Est, en passant par le Centre, du sud-ouest anglophone au Nord musulman. Et surtout, c'est dans ces régions que les gens de Yaoundé et Douala regardent avec dédain, que j'ai rencontré celles et ceux qui seront mes plus fidèles amis, ces personnes qui n'ont jamais renié notre amitié parce que je n'étais pas celle qu'ils attendaient.

Au fil des mois, je devins une professionnelle de la vaisselle que je faisais désormais mieux que quiconque, y compris les adultes - et avec plaisir. Cela devint d'ailleurs le moment où je pouvais enfin être seule avec moi-même. J'étais introvertie et je souffrais des interactions permanentes qu'il fallait avoir dans ce contexte. En dehors des employés, il n'y avait jamais moins de huit personnes dans la maison.

Les moments de solitude offerts par mes tâches ménagères m'étaient indispensables pour trouver mon équilibre et vivre dans cette famille jusqu'à mon baccalauréat.

Je te sais curieuse, mon enfance et mon adolescence t'intéressent beaucoup. Tu me demandes tout le temps, surtout après avoir été punie, si j'étais sage et obéissante quand j'étais enfant. Je voudrais te répondre que oui. Mais ne pas se mentir fait partie de l'ADN de notre relation mère-fille. Alors, je te dirai qu'il y a eu un avant et un après mon arrachement à ma vie d'enfant solitaire avec ma mère. Oui, j'étais sage avant, je me sentais libre et j'organisais mon temps comme je voulais, en prenant soin de faire exister le silence. Quand je me suis retrouvée dans le chahut des cousins, des voisins, des visiteurs et des obligations familiales, je suis devenue froide et cassante, agressive par les mots même si je restais obéissante. Je me faisais vomir en cachette, mais c'est à mes crises de paludisme à répétition que mon oncle et ma tante, qui avaient exigé que je les appelle papa et maman, attribuaient ma maigreur. En vérité, j'aimais la solitude (je l'aime toujours) et j'ai dû apprendre à vivre avec le collectif. Je n'ai jamais réussi à concilier les deux de façon sereine.

A l'école aussi, ou plutôt dans les nombreuses écoles que j'ai fréquentées au fur et à mesure des déménagements de la famille, je ne correspondais pas à ce que l'on attendait : je refusais d'appartenir à des bandes de potes régies par des règles stupides, mon accent était trop « français » à leur goût, ma voix trop aiguë. J'étais la « première de la classe » et insatisfaite de mes notes. J'étais différente et malgré mon physique maigrichon, loin des canons de beauté locaux, je plaisais aux garçons, ce qui m'a valu la jalousie cruelle des filles.

Pendant toutes ces années, maman avait refait sa vie. Elle s'était mariée, elle avait eu l'audace de quitter son travail pour lancer une marque de mode qui avait du succès. Elle voyageait encore davantage, en Afrique, en Europe, aux Etats-Unis, pour présenter ses collections. Je la voyais chaque été pour les vacances, mais je n'étais jamais seule avec elle, mes cousins m'accompagnaient toujours. L'obtention de mon baccalauréat, à 17 ans, mettait de facto fin à la garde qu'exerçaient sur moi mon oncle et ma tante. Ma mère a alors décidé, contre mon gré, de m'envoyer en France, pour des études supérieures.

Je me suis donc retrouvée à Paris. Il a fallu s'habituer au froid du premier hiver, à la faible luminosité et au regard inquiet de cette dame que je croisais tous les matins dans l'ascenseur de l'immeuble chic du 17e où j'avais eu la chance d'obtenir un appartement. Tous les matins, elle serrait son sac contre elle. De toute évidence, elle avait peur. J'étais la seule noire de l'immeuble, et peut-être de tout le Boulevard Gouvion-Saint-Cyr. Peu importe, l'essentiel, c'étaient mes études.

À la question « quand tu seras grande, tu voudras faire quoi dans la vie ? », dès six ans, haute comme trois pommes, je répondais avec une assurance déconcertante que je serai journaliste politique. Je rêvais de ressembler à Denise Epoté, présentatrice du journal de 20h sur la chaîne nationale camerounaise. Le travail des reporters de guerre et les interviews de personnalités politiques me passionnaient. Je me souviens qu'à huit ans, je suis tombée sur une rediffusion de l'interview du Roi Hassan II du Maroc par Anne Sinclair. Ce fut une révélation ! La rhétorique implacable du monarque ainsi que l'assurance de la journaliste allaient transformer mes envies de cette carrière en certitude.

Mais tous les rêves ne se réalisent pas. Je ne serai pas journaliste politique. J'ai commencé par des études de droit et sciences politiques, des années inoubliables qui pourraient se résumer ainsi : fac – bibliothèque – Paris by night. Je travaillais tous les étés pour financer mon année scolaire ; à cela s'ajoutaient des cours de soutien et des heures de tutorat à la fac et surtout les bourses de mérite que j'obtenais année après année. Avoir d'excellentes notes était un impératif budgétaire pour lequel je n'avais aucune difficulté. Après deux Masters II dont un en Sciences Politiques et en Relations Internationales, une première expérience professionnelle dans un cabinet du ministère de l'Économie et des Finances du Cameroun, et une autre sur le terrain avec une ONG au Togo, se posa la question d'un poste à durée indéterminée. Cela serait-il le secteur de la Sécurité & Défense qui m'attirait tant ou celui des ONG dont les causes humanitaires étaient chères à mon cœur ? Pour différentes raisons, c'est la deuxième option qui se concrétisa.

A vingt-deux ans, j'ai intégré le service des Relations Internationales du Défap - service protestant de mission, communément appelé le « 102 » en référence au numéro du boulevard Arago où se trouvent les bureaux. Pour l'agnostique que j'étais, malgré une éducation chrétienne mi-catholique, mi-protestante, c'était une situation inédite. Me voilà au cœur du protestantisme institutionnel français créé en 1822 sous l'appellation non équivoque de « Société des Missions Évangéliques de Paris chez les peuples non chrétiens ». Quand on pénètre à l'intérieur de ces murs bicentenaires, il y a comme un parfum d'histoire qui enveloppe. Ce premier jour de septembre 2008, lorsque Marc Frédéric Muller m'accueille, je ne sais pas encore qu'il sera un pilier important de ma vie.

Marc Frédéric est mon responsable direct. Âgé d'une quarantaine d'années, de taille moyenne, c'est un pasteur luthérien d'apparence plutôt rigoriste et froide. Docteur en théologie, il a une franchise teintée de diplomatie avec un sens inégalé de la formule. Parti avec le Défap comme enseignant au Nicaragua, il y a rencontré sa femme et ensemble, ils ont eu deux grands fils.

- « Je vous propose de commencer par la visite des archives au sous-sol, ainsi il sera plus aisé de poursuivre par la bibliothèque, le rez-de-chaussée et le premier étage où se trouvent les bureaux » me dit-il en m'invitant à le rejoindre.

Assise droite comme un i dans la salle d'attente, en posant le verre qui m'avait été aimablement offert par la dame de l'accueil, je me suis levée avec entrain et l'ai suivi. Pour mon premier jour, je portais une combinaison blanche « tout-terrain-passe-partout » et un gilet gris et noir. Aucune prise de risque.

Nous accédons aux archives par un escalier un peu sombre et descendons silencieusement les marches. Alors que je découvrais les rayons à perte de vue, les dossiers empilés ici ou là, je me rendis soudainement compte du poids et de l'importance de l'Histoire. Marc Frédéric sortait certains dossiers des armoires méthodiquement rangés depuis 1822, je découvrais les témoignages de ces missionnaires partis, loin de leurs familles et de leur pays, pour des projets qui leur ont bien souvent coûté la vie. Marc Frédéric racontait aussi l'évolution du projet, de la « propagation de la foi » aux partenariats internationaux actuels.

Une heure plus tard, nous avons regagné la bibliothèque en passant par le très joli jardin, en cour intérieure. Les arbres et les plantes ont été ramenés des différents voyages et missions. Puis, ce fut le moment de découvrir mes collègues et mon espace de travail. L'ambiance était détendue et les sourires courtois. La luminosité de la grande pièce était magnifique, il y avait deux postes de travail à commencer par celui de Renée, une cinquantenaire gothique aux vêtements, à la chevelure et au maquillage plus noirs que l'ébène.

Marc Frédéric nous présenta l'une à l'autre. Tout nous opposait. L'âge, le style vestimentaire, la couleur de peau, l'attitude. Nous nous sommes serré la main furtivement.

- « Marie-Alix, vous pouvez-vous installer ici en attendant l'arrivée de Marie à qui vous allez succéder » dit Marc Frédéric. Elle arrivera dans une heure pour un tuilage qui durera une semaine.

- D'accord, lui dis-je d'une voix posée.

- N'hésitez pas à venir me voir, ma porte est toujours ouverte, conclut Marc Frédéric en me laissant avec une Renée qui ne savait pas quoi faire pour briser la glace.

Le silence n'avait pas eu le temps de s'installer qu'arriva Marie. Flamboyante mais hautaine, c'était une future retraitée aux cheveux bouclés grisonnants. Elle me scruta avec un sourire féroce. Je restai de marbre. J'en avais vu d'autres. Je l'écoutai me raconter tout ce qu'elle avait réalisé en 20 ans à ce même poste. Elle parlait de ce qu'elle avait vécu, de l'évolution de la mission, de l'organisation. Elle se vantait d'avoir vu passer trois présidents. En écoutant le (long) monologue de Marie-je-critique-tout, je repensais à une conversation de la veille avec une très bonne amie, une ancienne collègue de promo, qui ne comprenait pas mon orientation professionnelle. Elle-même, depuis peu assistante parlementaire d'un politique influent, m'avait dit d'un ton sans appel. « Comment une vice-major de promo peut se retrouver à bosser pour une petite organisation que personne ne connaît ? Je n'aurais jamais imaginé que tu finirais comme ça… ». J'avais 22 ans et cette amie me signifiait que j'avais raté ma vie. Et là, le lendemain, j'écoutais les élucubrations d'une dame émue de quitter son poste, persuadée qu'après elle rien ne se ferait de mieux. A cet instant, je me suis dit que si dans 20 ans j'étais encore là, alors, j'aurais vraiment raté ma vie.

Marie prit les compliments que je lui offrais comme la reconnaissance qu'elle avait souffert de ne pas recevoir de la part des responsables qui s'étaient succédés à la tête de l'organisation. A la fin de la semaine, nous partagions un thé, elle était souriante, de bonne humeur et me dit devant tout le monde :

- « Finalement, je t'aime bien toi. Tu iras loin jeune fille ! Bon courage dans cette maison, et surtout, ne perds ni ton sourire ni la vivacité de ton intelligence ! »

Stupéfaction générale. Tous les collègues me regardèrent comme un ovni qui avait réussi à séduire, convaincre et se faire apprécier de celle que tous en silence détestaient cordialement.

Après mon intégration réussie, je m'aperçus que le rythme de travail était à l'image du jardin, calme et tranquille. Sans doute beaucoup trop pour moi qui aimais le rythme et le dynamisme. Peu à peu, mon portefeuille de missions s'est accru, sans que mon appétit ne diminue. Je voulais et je pouvais faire plus. Le congé maternité d'une collègue me donna l'occasion de démultiplier mon champ d'action. Et même en faisant son travail plus le mien, je m'ennuyais. Fermement. J'en parlais souvent avec Marc Frédéric qui s'était mis à me tutoyer, j'étais la seule dans ce cas. Vie professionnelle, vie personnelle, il savait tout de moi. Un vrai mentor. Un an plus tard, il annonça son départ pour l'été d'après. Alors que je lui disais à quel point je me sentais « abandonnée » par lui, il me confia, de sa voix douce mais ferme :

- « Tu sais, Marie-Alix, je crois que nous nous sommes trompés dans ton recrutement.

Silence. Cette gifle inattendue fit monter en moi une colère que je ne tardai pas à exprimer. Comme toujours, Marc gardait son calme :

- Nous avons été comme une personne qui ne résiste pas à l'envie de s'offrir une Ferrari alors qu'elle n'a besoin que d'une Smart qui roule à 10km/H. »

Il paraît que j'ai le sens de la répartie. Mais je n'ai rien pu ajouter à cela. Je suis restée bouche bée, comme lorsque je rencontre des personnes qui prétendent porter un message de paix et d'amour alors qu'elles ne sèment que mort et chaos. C'est pourtant dans ce contexte délétère du Défap que j'ai rencontré le visage de l'amour, celui de ton papa.

# Chapitre Trois : Une évidence comparse

*"For the first time,*
*I loved a man for who he was*
*and not for what my father failed to be."*

Marianne Pearl

Écrire, c'est s'engager. Ma relation avec ton papa a été dès le départ un engagement. Enfant, je lisais. Je ne parlais pas de ce qui était important pour moi, j'écrivais. Je mettais tout dans mes écrits épars : mes peurs, mes doutes, mes rêves, mes colères, mes amours. Un jour, il y a quelques années, j'ai arrêté d'écrire après avoir revu un garçon qui fut un grand amour de collège. Devenu adulte, il était fier de montrer qu'il avait conservé tous mes carnets de notes. Plus de dix ans s'étaient écoulés, il avait changé de pays à plusieurs reprises, et pourtant ils étaient bien là, ces carnets que je reconnaissais et qui me bouleversaient. Dès cet instant, j'ai compris que les écrits sont les gardiens silencieux de la mémoire. Ainsi, les mots échangés avec ton papa avaient de l'importance. Je les voyais comme le socle d'une relation amicale que j'espérais durable. D'ailleurs, après sa mort, ils ont été saisis par la justice française et lus par tout le monde.

-----

Marie-Alix NYOTH <mariealix@gmail.com>

À Eric de Putter <edpstras@hotmail.com>
07/10/10 à 12:07 AM
Objet : Ta thèse

Je viens de lire avec attention le résumé de ta thèse (roulement de tambour) .... Merci pour la clarification du mot « contamination » qui arrive à l'instant où surgit la question. Très clair. C'est simple, il n'aurait pas été si tard que j'aurais commencé immédiatement la lecture de la thèse.

Bon allez, nous sommes entre nous. Je peux donc t'avouer que j'ai commencé. Disons que le chiffre 699 (nombre de pages) a eu raison de ma motivation.

Merci pour ce travail que je sais d'ores et déjà passionnant !!!! (que veux-tu, ton sujet m'intéresse, tes hypothèses me mettent en haleine, ton résumé m'a convaincu!)

J'ai une requête : partage avec moi tes connaissances ! Elles sont si riches ! Si denses ! Plurielles et nouvelles !

@Demain
Bises,
M.A.
PS : le travail que l'on fait peut-être ou non apprécié. L'essentiel est qu'il ne laisse pas indifférent et qu'il nourrisse la réflexion. Sois assuré que c'est le cas de ta recherche.

---

Eric de Putter
<edpstras@hotmail.com>
À Marie-Alix NYOTH
<keriealix@gmail.com>
07/10/10 à 12:32 AM
Objet : Partage

Chère Mademoiselle,

Ce sera avec joie que je partagerai avec vous mes connaissances riches, denses, plurielles et nouvelles pour ce qui vous concerne.
Mais cette requête de votre part ne saurait être honorée sans une requête de ma part. Je me permets ainsi de vous proposer que ce partage, comme tout partage et par

définition, soit mutuel. Je sais que nous avons plein de choses à nous apprendre et je me réjouis d'entreprendre une route (qui est toute aussi nouvelle pour moi) pleine de découvertes, une route menant vers l'essentiel (un essentiel pluriel, comme vous l'aurez deviné...). Je me nourrirai avec vous de ce chemin et notre gastronomie sera l'occasion de réfléchir et de rire. Vous m'avez déjà initié à quelques secrets de la vie africaine et camerounaise. Je vous en remercie, d'autant plus que ce que vous m'avez dit a amplifié mon désir de m'y rendre, d'y vivre, de m'y donner et de m'en abreuver. J'ai pu remarquer chez vous une joie de vivre et une volonté de faire de chaque opportunité un moment mémorable.
Je peux apprécier chez vous l'engagement, la lucidité, la conscience et la simplicité, parsemée d'élégance et d'intégrité. Serais-je trop généreux en éloges ? Vous gênerais-je en les exprimant ? Tant pis, mais sachez que la reconnaissance est un moteur de la vie et c'est dans ce sens que je tenais à vous en faire part cette nuit. En profonde confiance et sincère amitié, veuillez recevoir, Mademoiselle, l'expression de mes

sentiments les plus amènes à vous signifier combien je vous porte en mon esprit.
Eric
...

Sourire. Éric de Putter est décidément trop fort. Ce soir-là je m'endors sereinement, alors que cela fait plusieurs jours que j'ai du mal à trouver le sommeil, trop absorbée que je suis à penser à Alex, avec qui je vis depuis plus de deux ans une histoire d'amour digne d'un conte de fées. Depuis quelques semaines, la bulle qui nous protégeait semble sur le point d'imploser. Douloureuse et irrémédiable, la rupture se profile.

Né d'un père camerounais et d'une mère française, Alex est un beau métis comme les femmes les aiment. C'est un serial dragueur sûr de lui, flambeur et fêtard. Ancien trader à la City, il roule en Audi et parfois en Mercedes - avec chauffeur. Il a des projets plein la tête que financeront ses centaines de milliers d'euros d'économies. Nous nous sommes rencontrés à Lille, à une soirée à laquelle une amie commune m'avait invitée. Pour son anniversaire, Alex avait privatisé la boîte de nuit la plus sélecte de la ville. Il ne s'était rien passé de particulier si ce n'est quelques danses partagées. Il faut dire que la superficialité des flambeurs me fait plutôt fuir. Quelques jours plus tard, le hasard fit que nous nous sommes retrouvés à un dîner plus intime, où nous avons longuement discuté. Derrière le flambeur se cachait un passionné de mythologie grecque et de philosophie. Les discussions se sont poursuivies par mail, messenger, sms, téléphone. Nous nous appelions de plus en plus souvent, au moins 4 à 5 fois par jour. Puis le virtuel devint trop étroit, nous voir nous était indispensable. Notre relation n'avait pas que des amis. Alex s'était mis à moins sortir, il passait plus de temps dans mon appartement plutôt qu'à flamber les billets avec ses potes. Toutes ses ex étaient restées amoureuses de lui, sans compter les autres femmes qui espéraient l'avoir, même pour une nuit. Pendant ce temps, nous vivions une relation parfaite, sans nuage. On se connaissait par cœur et la vie était rose bonbon saveur bonheur absolu.

Mais alors que ses affaires prenaient de l'ampleur, grondait en lui le désir de retourner s'installer au Cameroun, pays où il avait grandi et où vivaient ses parents. A la fin de l'été, de retour d'un séjour pénible à Douala où il avait dû enterrer sa marraine dont il était très proche, il ose enfin faire un choix. Celui de son business et du Cameroun. C'était chez moi. On venait de passer des moments délicieux. Alex avait le regard perdu et la tête baissée. Il parla rapidement comme s'il avait peur d'énoncer ce qui allait changer nos vies :

- « Princesse, je ne peux plus rester en France. Et je ne t'imagine pas vivre au Cameroun. Tu le sais, je ne crois pas aux relations à distance…

Je le regardais sans rien dire. Mon rythme cardiaque s'accélérait. J'avais réussi, comme toujours, à garder la tête haute et à ne rien laisser voir de ma souffrance. Il continuait.

- Je sais qu'il m'est impossible de vivre sans toi. Mais... je ne peux pas. Je ne peux pas continuer. Il vaut mieux se séparer maintenant que plus tard après trop de souffrance. Donc … je crois que ... c'est terminé. »

Sa voix enrouée et triste essayait de trouver du réconfort chez moi. Je suis toujours celle qui motive, rassure, trouve les mots. Ce jour-là, je n'avais ni les mots ni la force d'énoncer autre chose qu'un faible : « OK ».

La rupture était douloureuse pour tous les deux mais sa décision était prise. Il allait partir au Cameroun dans les jours qui venaient. Comme ma famille au moment de me séparer de ma mère, il ne m'avait pas demandé mon avis. Il avait décrété à ma place que je ne pourrais pas retourner au Cameroun.

Curieux hasard du calendrier et de la vie : le départ d'Alex au Cameroun ce début septembre est concomitant à celui d'Éric, qui ne tarde pas à m'écrire à nouveau.

-----

Eric de Putter
<edpstras@hotmail.com>
À Marie-Alix NYOTH
<mariealix@gmail.com>
09/05/10 à 6:15 PM

Objet : Bien arrivé

Salut Marie-Alix,
Je suis bien arrivé !!! Un peu fatigué, mais très heureux. Je n'ai pas ressenti de craintes particulières durant ce voyage, tout s'est vraiment bien passé. J'ai pensé à toi dans l'avion, je me suis dit que tu étais la seule personne que je quittais et dont je pensais que c'était un peu tôt, que j'aurais bien aimé passer plus de temps avec toi.
Le moment le plus émouvant était de voir la côte africaine apparaître. Je me suis dis : voilà, je commence à aller là où je ne suis jamais allé avant.
Bon, je vais essayer de trouver d'autres personnes avec qui discuter et trouver de quoi manger ce soir.
Je t'embrasse, passe une bonne soirée.
Eric

---

Marie-Alix NYOTH
<mariealix@gmail.com>
À Eric de Putter
<edpstras@hotmail.com>
09/07/10 à 12:07 AM

Objet : triste, au fond du gouffre

Coucou,
Pas d'appel ni de sms du 06.18… je réalise que tu es vraiment parti et pour le moment je ne le vis pas spécialement bien. Les au-revoirs (adieux ?) avec les amis ne sont pas toujours aisés.
Comment vas-tu ce matin ? J'espère que ta première nuit en terre camerounaise a été remplie de rêves fabuleux. Raconte !

De mon côté, je ne vais pas bien du tout. En fait je me sens complètement vide. Comme morte.
Alex était là hier. Cette rupture est trop douloureuse et j'en souffre beaucoup. Je ne m'explique toujours pas comment on peut passer du bonheur parfait à une peine pareille.
Punaise ! Rompre avec son meilleur ami ? C'est absurde, c'est bête, c'est un gâchis total ! Si ma relation avec Alex se termine après presque trois ans de bonheur

quotidien, alors que dans ma sublime divinité (no comment oki ?!) je le connais comme si je l'avais fabriqué, et qu'il me connaît par cœur jusqu'à mes silences, avec qui cela va-t-il marcher ?
On s'appelait 10.000 fois par jour et là c'est le silence. Je ne m'y habitue pas. C'est beaucoup trop dur.
Evidemment à côté de cela, au 102 en ce moment c'est speed. Beaucoup d'urgences et de problèmes à gérer. Le mariage de ma grande amie Aminatou à organiser… Je vais trop mal.
Bref, désolée de t'embêter avec mes peines. Je suis une femme forte, je devrais savoir que ça ira (un jour).
@ plus,
Bises,
M.A.

---

Eric de Putter
<edpstras@hotmail.com>
À Marie-Alix Nyoth
09/08/10 à 10:19 AM
Objet : Pas d'accord, pas content
Marie-Alix,
Tu sais combien je tiens à toi. Je sais que ce n'est pas facile de finir une relation. Le monde

continue de tourner alors qu'on aimerait qu'il se calme un peu et qu'il nous permette de respirer. MAIS ! Il y a un temps pour tout (Ecclésiaste 3). C'est aussi une question de choix que de ne pas succomber à la tristesse. ÇA SUFFIT !
A la fin du film "La Vie de Brian" des Monty Python (parodie anglaise de la vie de Jésus), lorsque Brian est sur la croix, les deux acolytes chantonnent et sifflotent : "Prends la vie du bon côté". Il est parfois indispensable de faire preuve d'autant de dérision, de cynisme et d'humour. Il s'agit de provoquer le fait d'aller bien.
En espérant que tu te portes mieux (vraiment mieux), je t'embrasse et te serre dans mes bras.
Eric

---

Éric a toujours eu l'art de trouver les mots justes au bon moment. Je me souviens du courrier de ton papa reçu au Défap quelques mois plus tôt, en mars 2010. Il était candidat au départ comme volontaire. J'avais été impressionnée. C'était indubitablement la candidature la plus « forte » que je n'avais jamais reçue. Il voulait partir pour se mettre au service des autres. Mais il n'avait pas ce vocabulaire mièvre qu'emploient certains candidats au départ. Son courrier était clair, son projet réfléchi, ses mots limpides. A cela s'ajoutaient des lettres de recommandation engagées et manuscrites de doyens d'Université, de spécialistes connus et très respectés du milieu académique. C'était la première fois qu'un dossier aussi solide et soutenu nous parvenait.

« L'histoire nous apprend que la civilisation occidentale s'est montrée très imbue d'elle-même. Je crois que les autres cultures méritent d'être découvertes, respectées et appréciées. En proposant mes services au Défap et aux communautés locales, (...) j'espère que nous pourrons avoir l'occasion de mener ensemble des projets dont les maîtres mots se fondent sur l'Amour, le partage et le respect de la vie » écrivait Éric, jeune enseignant brillant qui avait obtenu un an plus tôt le titre de Docteur en théologie, après une soutenance de thèse qualifiée d'« exceptionnelle » à tous les critères d'évaluation. Ton papa n'était pas seulement brillant, il avait une rigueur académique et intellectuelle exponentielle.

Il est évidemment accepté dans le processus de sélection, qui commence par les entretiens. A la fin d'une interview, alors qu'il m'interroge sur la suite, je lui avais dit plutôt durement : « si votre candidature est retenue, vous recevrez tous les détails au plus tard la première semaine de mai. Il est inutile de me recontacter avant toute réponse formelle de validation de votre candidature ». Je revois son sourire tranquille me répondre « OK. Si vous le dites ». Et puis rien. Aucun contact. Toutes les candidatures pour les prochains départs ont été instruites. La candidature d'Éric s'était imposée à tous. Se posait tout de même la question de la mission et donc du lieu d'affectation. Après une hésitation entre une ouverture de poste au Cameroun et un renouvellement à Madagascar, c'est la première option qui est retenue.

Parmi les impératifs avant le départ, il y a celui de participer à une formation. Celle-ci est organisée chaque année début juillet et dure une dizaine de jours. C'est l'occasion de mieux connaître les volontaires, de les préparer à l'interculturalité, aux questions de sécurité. J'assure ces deux modules. La session de formation commençait un dimanche soir.

Ce dimanche-là, il avait fait très beau. C'était l'anniversaire de ton cousin Charles-Édouard, à Disneyland. Je n'aime pas ce lieu, mais, pour mon neveu autiste et déclaré handicapé à 90%, je suis prête à tout. Le RER avait eu un problème et j'avais dû rejoindre directement le Défap pour la formation, sans passer par la maison. J'avais donc un look très estival : sarouel bleu foncé, bustier blanc à rayures rouges, maquillage nude. Tandis que je m'activais pour que tout soit prêt dans les délais, arriva le premier volontaire : Éric de Putter. Grand blond aux yeux bleus, plutôt maigre, il portait un pantalon noir, une chemise blanche et avait les pieds nus. A ce moment-là, j'ignorais que ce sont là deux traits constants de sa personne : l'extrême ponctualité et la sobriété vestimentaire.

- « Bonjour, je ne sais pas si vous vous souvenez de moi, je suis... » Commença-t-il timidement.

- « Éric de Putter ? » ma question était accompagnée d'un sourire moqueur et d'un sourcil relevé qui disait « bien sûr que je sais qui tu es, je connais ton dossier par cœur, c'est moi qui ai instruit ta candidature. » Il devint tout rose. J'avais réussi à troubler l'imperturbable Éric de Putter. Ce sera toujours le cas.

- « Puis-je vous aider ? » me lança-t-il en regardant mes mains chargées.

- « Ça ira, merci. N'hésitez pas à vous installer. Les autres volontaires ne vont pas tarder à arriver », concluai-je en le laissant seul dans le hall.

Quand tout le monde fut là, la session débuta par les présentations et se poursuivit par des petits jeux qui permettaient de faire connaissance. Il y avait notamment ces post-it dont l'objectif était simple : sur les bleus les volontaires étaient invités à écrire tout ce qu'ils étaient contents de laisser derrière eux ; et sur les roses il fallait écrire tout ce qu'ils allaient regretter. Le résultat était sans appel. Il y avait 90% de post-it bleus. Ils étaient ainsi 90% à être contents de quitter le mauvais temps, les gens mécontents, les transports en commun, les impôts, l'égoïsme, etc, etc. Leur regard sur la France était assez négatif. Ce qui m'amena à leur poser deux questions : « et vous, quelle part de responsabilité prenez-vous dans la situation de ce pays que semblez avoir hâte de fuir ? Tout est-il négatif en France ? » Le silence se fit. Puis, alors que certaines personnes tentaient des réponses plus nuancées, approchait l'heure du repas. La suite promettait d'être riche.

Tandis que des petits groupes se formaient ici et là, et qu'une partie des volontaires se dirigeait vers la salle à manger, Éric hâta le pas. Il n'avait pas dit un mot pendant tout le débat– il était toujours comme ça, il parlait peu et souvent après tout le monde -, mais le voilà qui vint me voir. Il était ému et ses yeux brillaient :

- « Merci, merci beaucoup pour votre intervention », dit-il

Je le regardai sans comprendre.

- « Je ne m'attendais pas à trouver une personne comme vous ici. Vraiment merci pour votre présence » conclut-il, soudain plus sûr de lui.

- ...

Il n'y avait rien à ajouter. Alors, je lui ai souri et je suis partie. Je n'avais aucune envie de traduire le langage codé de ce jeune homme agréablement surpris de savoir qu'il y a des grandes gueules au 102. J'étais épuisée et la soirée ne faisait que commencer. Je savais qu'une longue discussion téléphonique m'attendait ce soir-là avec Alex qui était au Cameroun pour les obsèques de sa marraine. Il n'allait pas très bien et c'était la première fois que nous étions physiquement éloignés l'un de l'autre pour une durée aussi longue.

Le lendemain midi, après une session intense sur l'interculturalité, alors que je discutais avec Naomy, une volontaire franco-camerounaise, Éric apparut, très souriant. Naomy lui laissa la place en me faisant un clin d'oeil.

- « Bonjour Marie-Alix ! »

- « Bonjour Éric ! » C'était la première fois que j'étais presque aussi chaleureuse que lui ; cela l'encouragea à poursuivre.

Nous avons échangé à bâtons rompus sur le Cameroun, l'altérité, l'importance de la reconnaissance des pairs, la diversité de l'organisation de structures politiques selon les pays. Assez simplement, il avait réussi à me demander si j'avais parcouru sa thèse qui traitait notamment de l'organisation trifonctionnelle des sociétés.

- « Si tu veux, peux-tu me donner ton adresse mail personnelle pour que je t'envoie un lien vers la thèse ? Tu me diras ce que tu en penses ! »

Cela faisait à peine quinze minutes qu'on se tutoyait et déjà il avait réussi à me demander mes coordonnées personnelles. Je me suis inclinée devant son audace. Il nota méticuleusement l'adresse mail dans un petit calepin noir. Et il rosit – encore. Le soir même, je recevais le lien vers la thèse.

-----

Eric de Putter
<edpstras@hotmail.com>
À Marie-Alix Nyoth
<mariealix@gmail.com >
06/07/10 à 10:19 AM

Bonsoir Marie-Alix,
Voici donc LE lien promis. Tu y trouves en PDF la partie rédigée avec la bibliographie (Corps principal), les annexes et un résumé (Dernière page).
Bonne lecture !

En bonus spécial pour toi, une prière que j'ai écrite :
« Heureux toi dont la simplicité seule éclaire ton esprit,
Tu te confies à l'essentiel.
Heureux toi qui connais la tristesse,
Tu sais comment te relever.
Heureux toi qui uses de douceur,
Tu récolteras les fruits de ta douceur.

Heureux toi qui ne peux te contenter de la justice des hommes,
Tu découvriras ce que tu ne pourras même pas soupçonner.
Heureux toi qui vis en spiritualité,
Tu ne seras jamais seul.
Heureux toi dont le cœur est source de pureté,
Tu verras que ton œuvre est divine.
Heureux toi qui construis la paix,
Tu verras que tu es une œuvre divine et tu comprendras ce que cela signifie.
Heureux toi qui connais la justesse et ses limites,
Tu marches avec d'autres sur le chemin d'une vérité. »

A demain, bises,
Eric

--

Ce courriel a marqué le début d'une relation épistolaire amicale, puis amoureuse. Même avant son départ au Cameroun, un mois et demi plus tard, on s'écrivait assez régulièrement. Puis, à son arrivée dans la capitale camerounaise, il m'écrivit presque tous les jours pour partager son quotidien, ses efforts pour s'intégrer à une communauté à laquelle il espérait appartenir, tandis que la frontière s'effaçait peu à peu entre l'accompagnement strictement professionnel que je devais assurer et nos vies personnelles. Nous partagions les comptes rendus de nos lectures, nos questionnements théologiques, nous échangions nos points de vue philosophiques, idéologiques et politiques. Son humour pas du tout drôle fait de blagues improbables et de jeux de mots ubuesques m'amusait.

Ses silences et mes longs bavardages pétillants. La précision de ses mots face aux ellipses de mes pensées. Ses pieds nus et mes talons aiguilles. Malgré toutes nos différences apparentes, Éric me rassérénait. Être avec lui faisait taire toutes les voix en moi, la gladiatrice pouvait poser son glaive, la blessure de la petite fille abandonnée pouvait cicatriser, l'adulte que j'étais avait commencé à aimer et se sentait aimée en retour, sans condition. À une amie qui ne comprenait pas ce qui lui semblait être un choix un peu fou, je n'avais pas trouvé de mots pour lui dire que ma relation avec ton papa était une évidence. Je lui avais simplement dit : “ J'aime la personne que je suis quand je suis avec lui. ”

En janvier 2011, je suis allée le voir au Cameroun. Je ne sais plus quand nous avons parlé de vie commune ou de mariage la première fois. Un soir sur Skype, après mon retour en France, il est allé chercher son agenda, il a regardé la date de ses vacances et a proposé qu'on en profite pour organiser la cérémonie civile.

# Chapitre Quatre : Ashrey

« *J'ai reconnu le bonheur*
*Au bruit qu'il a fait en partant* »

Jacques Prévert

Cela faisait trois mois que j'avais posé un congé sans solde, quitté mon appartement et ma vie parisienne pour venir m'installer pour quelques mois avec ton papa à Yaoundé jusqu'à la fin de sa mission. Ce jeudi-là, nous rentrions d'un voyage très pénible dans l'extrême-Nord du Cameroun. Comme à chaque fois, Éric me confia la relecture du courrier qu'il allait envoyer au Défap. Les semaines que nous venions de vivre avaient été particulièrement éprouvantes, si bien qu'il avait décidé de partager cette lettre avec sa famille et ses proches. J'étais épuisée, triste, et à bout de force. Je savais que la lecture de sa lettre serait de nature à réveiller une part de tristesse, ce fut le cas.

En levant les yeux vers ce regard bleu qui attendait mon commentaire, j'ignorais où il trouvait la force et l'inspiration pour écrire plusieurs pages alors que nous venions à peine de poser nos valises. Ses mots, toujours très durs pour évoquer ce qu'il percevait comme des injustices, son ton cassant quand il dénonçait la corruption sur le campus, dans l'Eglise et dans le pays. Au fond, je me disais qu'il avait toujours de l'espoir et je trouvais cela touchant. Étant plus dans la mesure que lui, mon « job » consistait souvent à atténuer ses propos. Il était difficile et parfois impossible de lui faire entendre raison. Ce jour-là, je n'en avais ni la force ni l'envie. Au fond, ce courrier était la traduction de ses émotions face à la douleur qui nous animait. Je me refusais donc pour une fois à lui suggérer des synonymes plus doux, plus consensuels. Je pensais à Ashrey, celle qui aurait pu être ta grande sœur, et de longs sanglots étouffés m'envahirent.

Quel était le bon moment pour devenir parents ? Après le mariage ? Après mon arrivée au Cameroun ? De retour en France ? Ces questions tournaient dans ma tête. N'était-ce pas la peur de ne pas pouvoir ? N'était-ce pas la peur du regard moqueur, condescendant et parfois méchant que la société porte sur certaines femmes qui ne souhaitent pas devenir mères, ou parfois souffrent en silence de ne pouvoir porter la vie ? Comme si devenir mère était la raison d'être des femmes et qu'une femme sans enfant l'est moins. En tant que féministe prosélyte à l'indépendance exacerbée, j'ai toujours pensé que chacune était libre de faire des choix pour elle-même, pas pour le regard ou l'approbation de la société. En ce qui me concerne, j'espère une famille nombreuse avec cinq ou six enfants, dans une maison pleine de vie, de rire et de jeux. Sans doute un héritage de ma situation d'enfant unique placé en « famille d'accueil ».

Après le mariage, à l'été 2011, nous avions Éric et moi abordé la question de l'adoption. La fermeté de son opposition m'avait surprise. Je pensais comme lui que les liens de sang ne sont pas plus forts que ceux du cœur. Mais lui ne trouvait aucune raison qui justifie de « déraciner » un enfant pour satisfaire une envie, un besoin ou une exigence sociale de parentalité. Être parent, c'est une responsabilité qui nous est ou non donnée, mais c'est avant tout une responsabilité. Un couple qui s'aime sans enfant est un couple qui s'aime.

J'ai rejoint ton papa au Cameroun début octobre, deux jours avant son anniversaire. La date avait été choisie sciemment. Dans le vol Paris-Yaoundé, pris en aller simple, j'avais pour voisines une maman et sa fille métisse en provenance d'Allemagne. La petite Sonia m'adopta immédiatement et voyagea littéralement sur mes genoux. Sa maman, une Camerounaise mariée à un Allemand depuis une dizaine d'années, rentrait pour la première fois au pays. Son émotion était aussi grande que la mienne. Notre conversation dura six heures, soit le vol entier. Elle parla beaucoup d'elle, des relations distendues voire inexistantes avec sa famille, du fait que c'était le premier voyage de sa fille Sonia en Afrique Noire. Je lui racontai en deux mots mon histoire, elle me trouva très courageuse d'aller vivre au Cameroun. Pour elle, cela n'était pas envisageable. Pas plus d'ailleurs que d'avoir d'autres enfants. Sonia serait enfant unique, elle aurait toute l'attention et l'héritage de ses parents pour elle seule. Ma voisine avait eu sept frères et sœurs, qui se détestaient tous et se disputaient les terrains de la famille. Elle devait être en grande souffrance pour être aussi radicale.

Sa famille devait être importante. A la descente de l'avion, un policier vint les accueillir pour les aider à traverser les formalités de douane. Elle se retourna un instant pour me souhaiter bon courage pour la suite. Débuta alors la longue lutte de l'aéroport. Les policiers aux visages fermés, les douaniers prenant excuse de l'absence de portiques à rayons X pour se lancer dans la fouille complète des valises, jusque dans la lingerie intime, manipulant, appréciant mes sous-vêtements comme s'ils étaient les leurs. La fouille n'ayant pas fourni matière à taxation, vint le rictus menaçant : *« ma fille, tu ne me donnes pas une bière ? »*.

Je regardai cette femme en uniforme, incrédule. Je n'avais pas d'espèces. Ni en euros. Ni en Fcfa. Et pourquoi offrirais-je « une bière » à une douanière ayant pris plaisir à salir mon intimité ? Bref. Ce jour-là, la routine habituelle des aéroports camerounais me pesait. Je n'étais pas sûre de mesurer tout ce qui m'attendait dans ce pays qui m'a vu grandir, où j'ai toujours été mise à l'écart, traitée de « blanche » ou de « bounty ».

Ton papa n'était jamais en retard. Et pourtant, ce jour-là, si important pour nous, il l'a été. Mon mécontentement se mêla à la mélancolie. J'attendais à l'extérieur, harcelée par les chauffeurs de taxi qui proposaient tous de me déposer. Assise sur une marche à la sortie de l'aéroport, entourée de mes valises et tenant fermement mon sac, les souvenirs de mon enfance affluaient. Je retrouvai ce sol couleur pourpre orangée, ces collines à perte de vue, cet accent particulier… Perdue dans mes pensées, je n'ai pas vu Éric arriver en courant. J'entendis sa voix et je le vis. Il était là, terriblement confus et désolé d'être en retard, débordant d'amour et irradiant de bonheur. Son excitation rencontra le calme méditatif de mon appréhension. Très rapidement, tout en continuant à me regarder comme si c'était la première fois, il prit toutes les valises, et je vis alors qu'une dame l'accompagnait. Petite et musclée, Priscille me salua cordialement en s'excusant pour Éric. S'il était en retard, c'était de sa faute. Elle avait insisté pour l'accompagner à l'aéroport et était partie tard de chez elle en sous-estimant les difficultés de circulation pour un dimanche ordinaire. J'écoutais en silence.

Éric se chargea de mettre les valises dans le coffre et nous sommes montés tous les trois à bord de la petite voiture grise. Seule à l'arrière, je croisais le regard d'Éric dans le rétroviseur, contemplatif, amoureux et souriant.

Le Cameroun était en période électorale. Tout le long du trajet qui nous menait au campus universitaire où Éric et moi allions vivre notre première année de vie commune, des panneaux témoignaient de l'imagination des candidats et de leurs promesses. A leurs côtés, des affiches géantes pour des cultes miraculeux, avec des « pasteurs » qui guérissent de tout, y compris du sida et des cancers. J'ai souri en repensant à un cousin qui s'était inventé « pasteur né de nouveau ». Sa motivation ? Il fallait sans doute la chercher dans cette phrase qu'il répétait souvent : « qui a déjà vu un pasteur qui paye les impôts ? » J'avais cru à une blague, mais des années plus tard, il était toujours pasteur et son business semblait très bien marcher.

Je suis sortie de ma rêverie lorsque nous avons quitté la grande avenue pour une petite ruelle, sans goudron. Et d'un coup, nous avons franchi une entrée dont le portail défraichi et bancal était ouvert. Une pancarte devant un petit poste de gardiennage vide annonçait « Université Protestante d'Afrique Centrale ». Il y avait peu de monde à l'extérieur. La voiture dépassa les logements pour étudiants, la Faculté des Sciences sociales et, sur la droite, un petit temple puis, derrière une lignée d'arbuste, entra dans ce qu'on appelle le camp des professeurs. Priscille nous déposa devant « chez nous », deux maisons après la sienne. A droite se trouvait la maison du Recteur, en face, celle du Secrétaire Général et à gauche celle du Doyen de la Faculté de Sciences Sociales.

Dès que je franchis le seuil de cette maison, je ressentis un malaise, une mauvaise intuition. Sur le moment, je me dis que le voyage et l'attente avaient été longs et j'essayai de ne plus y penser. La porte refermée, Éric me prit dans ses bras et nous restâmes ainsi, collés l'un à l'autre, une douce éternité. L'excitation et la joie incommensurable de me voir là, avec lui, au Cameroun, avait repris le dessus. Alors il s'empressa de me faire visiter la maison qu'il avait enfin obtenue après des mois passés dans un petit logement de passage au milieu des dortoirs d'étudiants. Il y avait trois chambres, une salle de bain, un bureau, un salon, une cuisine et un petit jardin. Tous les murs étaient jaunes, à l'exception de la cuisine qui affichait un vert indescriptible. Les pièces étaient vides. Éric souriait. Il savait que mes exigences en matière d'esthétique et de design allaient changer le visage de notre petite demeure.

Une fatigue sourde m'envahit. Je me sentis fébrile. Paris me manquait. Je pris soudain conscience de la situation. La petite gladiatrice en moi me soufflait, moqueuse, que je n'étais plus qu'une femme au foyer qui avait tout lâché, boulot, appart', amis, famille, pour rejoindre son époux dans le pays de ses ancêtres. Ces sombres pensées-là furent pourtant immédiatement balayées : j'irais où il irait. Et réciproquement. Rassérénée, je m'endormis pour une courte sieste, en sentant les transformations de mon corps. Éric, qui avait veillé sur mon sommeil, était là. Il m'offrit deux petits vases en céramique bleus achetés pour moi lors d'une mission avec des collègues en pays bassa. Ton papa était particulièrement heureux. Notre première nuit de vie commune au Cameroun fut remplie de tendresses et de promesses.

Les heures qui nous séparaient de son 31e anniversaire passèrent vite. Ce jour-là, j'allai faire des courses dans un petit supermarché destiné aux classes moyennes et situé à 10 minutes de la maison. En chemin, il y avait une pharmacie. Je décidai qu'un test de grossesse s'imposait, au regard des changements manifestes que je percevais dans mon corps. De retour à la maison, deux bandes bleues apparurent sur la languette. Mon cœur battit la chamade. J'exultais de joie ! Il m'était impossible d'attendre le soir pour annoncer cette nouvelle à ton papa, qui était en cours. Alors, je suis sortie à toute vitesse et je me suis mise à la recherche du bâtiment où il enseignait. Dans l'allée principale, j'interrompis trois jeunes gens en pleine discussion pour leur demander où trouver le planning des cours. Ils m'indiquèrent le secrétariat puis me contemplèrent de la tête aux pieds, l'air de se demander qui je pouvais bien être. « Qui cherchez-vous exactement ? », dit l'un d'eux. - « Éric de Putter ». Je vis dans leurs yeux que je venais de prendre de la valeur. L'un d'eux répondit d'une voix forte : « Prof Éric est en classe 2. Dans ce bâtiment à gauche ». La classe 2 était au deuxième étage. J'ai avalé les marches et suis arrivée essoufflée devant une porte close. Je frappai doucement.

Les secondes s'écoulèrent lentement. Puis ton papa ouvrit la porte, les sourcils en circonflexes, le regard interrogateur très surpris de me voir. Avant qu'il ne puisse me demander ce qui se passait, je sautai à son cou en murmurant « Félicitations Prof Éric, vous allez être papa ! ». Il vira rouge pivoine et un sourire magnifique illumina son visage. « À ce soir ! » lui dis-je, en repartant aussi rapidement que j'étais venue et convoquant mes idées les plus folles pour lui préparer une fête d'anniversaire qu'il ne pourrait oublier.

Après cette journée si spéciale pour tous les deux, les semaines s'écoulèrent plus ou moins paisiblement. Faire ménage commun pour deux personnes qui avaient toujours vécues seules ne fut pas toujours aisé. Lui, pratique. Moi, design. Avec un point commun essentiel : l'ordre et le rangement. Un pur bonheur pour moi à qui ta grand-mère prédisait que je ne trouverais jamais un époux aussi maniaque et rangé que moi. Lorsque j'avais découvert que ton papa pliait ses chaussettes en trois, je n'avais pas résisté au fourire intérieur : « si si, maman, je l'ai trouvé celui que mon cœur désirait : il plie ses chaussettes, pousse le tube du dentifrice du bas vers le haut et ne laisse jamais la lunette des toilettes relevée ».

Nous avions décidé de refaire la peinture. Chacun avec son pinceau, nous avons repeint - surtout lui- les murs, les meubles, les armoires. Quand j'étais fatiguée ou pour m'éloigner de l'odeur acrylique, mon charmant époux m'imposait du repos. Mon retour au Cameroun avait aussi signé le retour des allergies que ma vie en Occident avait mise entre parenthèses. Depuis mon enfance, je suis allergique à la poussière, le comble pour une fille d'Afrique. Enceinte, je ne pouvais pas prendre de traitement antihistaminique ; cela ajoutait à l'épuisement lié à la grossesse. La préparation des fêtes de Noël et de notre voyage de noces à l'Extrême-Nord me donnait un peu de cœur à l'ouvrage. Il en fallait : depuis quelques jours, il n'y avait plus d'eau sur le campus. Ceux qui étaient véhiculés allaient remplir leurs bidons dans d'autres quartiers, les autres tentaient d'extraire quelques litres au puits presque épuisé du campus. Ce matin-là, Éric était allé voir le Secrétaire Général pour lui demander s'il n'était pas possible de faire à nouveau venir les pompiers qui ont d'immenses réserves d'eau, pour une nouvelle distribution générale.

« Si tu veux, tu peux prendre ma voiture. Il y a une station qui vend des bidons à 30 minutes du campus. Tu pourras reconstituer ta réserve » lui avait-il répondu.

« Et comment feront tous les autres, les étudiants, ceux qui n'ont pas de voiture ou de moyen d'en emprunter une ? Nous aurons de l'eau, pas eux ? » l'interrogea Éric.

C'était son style. Des questions froides, rationnelles, qui mettaient son interlocuteur face à ses responsabilités. Un style pas toujours apprécié. Deux jours plus tard, les pompiers arrivèrent sur le campus. Tout le monde félicita et remercia le Secrétaire Général qui, tout en recevant les bénédictions, supervisait la distribution d'eau avec un sourire qui témoignait de sa générosité... Cela suffit pour quelques jours. Heureusement, le soir de Noël, l'eau se remit à couler dans les robinets. Alléluia !

Ce Noël 2011 fut épique à plus d'un titre. Nous avions tous deux passé la journée à distribuer bonbons et chocolats aux enfants, à offrir fleurs et vin aux adultes. Ma mère vint dîner avec nous et nous ne lui dîmes rien de ma grossesse ; seul Léo, le frère jumeau d'Éric et ton parrain, était au courant. Maman repartit déjà pour Douala le lendemain, mais sa visite nous avait apporté un peu de chaleur humaine et familiale sur un campus où l'ambiance était lourde. Certains étudiants, qui n'en pouvaient plus de voir l'Université prendre de fortes commissions sur les bourses qu'ils recevaient d'Europe, avaient demandé que l'argent passe par

Éric, qui ne déduisait pas les frais bancaires. Cela avait fait grincer des dents à l'administration. Il s'était ainsi rendu populaire auprès de quelques-uns, mais la majorité des étudiants se plaignait de sa sévérité : il était le seul professeur à appliquer à la lettre le règlement sur les présences ou absences en cours et les délais de rendu, le seul apparemment à ne pas donner de notes ou de recommandations de complaisance. Avant mon arrivée, Éric avait littéralement démonté la thèse de doctorat d'un étudiant Centrafricain promis à de hautes fonctions dans son pays : un travail selon lui fait de plagiats et de copiés-collés sans cohérence. Tout cela avait inquiété Maman. Ce soir de Noël, elle nous proposa de demander pour nous une protection policière. « Ce n'est pas comme ça qu'on vit en Église », avait balayé Éric.

Pour Ashrey, nous avions eu l'idée d'enregistrer les battements de son cœur et de les envoyer à nos proches en guise d'annonce. Nous avions justement un rendez-vous pour la troisième échographie le lendemain mais la nuit fut courte. J'avais un mauvais pressentiment et n'ai pas dormi.

A l'arrivée au cabinet d'échographie, aucun de nous ne parlait. L'échographe chaleureuse qui nous accueillait habituellement était en vacances. Sa remplaçante arriva en retard et n'arrêtait pas de parler, même lorsque je fus allongée sur la table d'échographie, le cœur battant pendant qu'Éric me tenait la main en souriant. Il lui avait remis une clé usb pour l'enregistrement. J'observais ses traits. Très mince, elle portait une jolie robe rose pâle. Ses doigts étaient fins et son regard concentré. Elle continuait à poser des questions sur les fêtes de Noël et la date présumée de l'accouchement. Je l'ai regardée et j'ai su. Sur son écran, je ne distinguais aucune forme. Je m'étais renseignée, je savais à quoi devrait ressembler une échographie du 4e mois.

- « Que se passe-t-il ? Pourquoi on n'entend pas les battements du cœur ? »

Elle ne me répondit pas. Pas tout de suite.

- « C'est quoi ça ? Où est passé mon bébé ? » Insistai-je.

Le regard de ton papa qui n'avait pas lâché ma main passait de l'écran à la dame. Il était calme. Pas moi.

La médecin me regarda avec beaucoup d'affection et posa sa main sur sa bouche pour nous annoncer que le cœur de notre bébé avait cessé de battre. Ashrey n'était plus là. Une douleur insoutenable me traversa. Je ne me souvenais pas avoir eu aussi mal de ma vie. J'avais envie de crier. Mais aucun mot ne franchit mes lèvres. L'échographe s'éclipsa en me laissant des mouchoirs et de l'eau. Ton papa s'est alors allongé près de moi sur la table d'échographie, et nous avons pleuré en silence. « Nous recommencerons » me promit-il, mais je ne l'écoutais pas. J'avais trop mal. Je voulais mon bébé. Tout le reste n'était que fioritures.

Cela devait être une heure plus tard. Un taxi nous emmena au Centre médical Français où consultait ma gynéco allemande. Elle n'était pas là. C'étaient les vacances. Il n'y avait personne, pas de médecin. C'est bien connu, les malheurs ne devraient pas arriver ni les week-ends, ni les jours fériés, ni les vacances. En fait, jamais. Nous étions là, seuls, tous les deux, impuissants face au premier drame que notre jeune couple devait traverser. Une infirmière de garde nous conseilla d'aller à l'hôpital gynécologique de Yaoundé, le plus grand de la capitale. Un autre taxi. Je ne pleurais plus. Je ne parlais plus. Éric partageait mon silence. Les bâtiments étaient immenses et d'un blanc vieilli par la poussière et les pluies, les toitures rouge-orangé. Les vendeurs à la sauvette obstruaient le portail bleu que nous avons franchi, vers 13 heures, d'un pas hésitant, sous le regard curieux du personnel. Un blanc, ça se remarque. Commença alors la longue lutte pour comprendre à qui s'adresser. On nous promena de guichet en guichet. Ce jeu de ping-pong dura près d'une heure, jusqu'à ce qu'une dame à qui j'avais raconté brièvement la situation nous indique la bonne procédure : il fallait acheter un carnet de santé, payer la consultation, attendre dans une salle qu'on vienne nous chercher. Le médecin ferait un examen clinique et poserait son diagnostic ; ensuite le dossier pourra être soumis pour hospitalisation en vue d'une prise en charge pour une « délivrance ». Nous suivîmes la procédure et deux heures plus tard, un nom était posé sur notre souffrance : fausse couche tardive survenue après le premier trimestre.

Nous dûmes ensuite parcourir l'hôpital à la recherche du service des admissions et effectuer une deuxième consultation avec un obstétricien. Eric me laissa devant la porte pour aller me chercher de l'eau. Le jeune médecin ouvrit. Il fut charmant, mais son attitude changea brusquement au retour d'Éric. J'étais soudain devenue « la femme du blanc ». Il devint rude et faussement courtois. Il préconisa une autre échographie alors même que je venais de lui présenter les résultats de celle réalisée quelques heures plus tôt. D'un revers de la main il me fit taire. Il fallait payer pour cette échographie, changer d'étage, puis revenir avec les résultats de la deuxième dont les résultats furent identiques à ceux de la première. Il préconisa la prise de médicaments à base d'hormones pour favoriser l'expulsion de l'œuf. J'écoutais en silence. Éric me regardait et guettait une réaction, qui ne vint pas.

Muni d'une ordonnance, ton papa courut à la pharmacie de l'hôpital. En son absence, le médecin tenta de se montrer sympathique. Il cherchait à savoir de quelle ethnie j'étais. Je n'ai jamais supporté ce petit jeu qui consiste à mettre les gens dans des boîtes. Je répondis d'une voix lasse : mon père était Bassa, ma mère est Duala-

Banen, mon beau-père est Bamiléké, mes cousins germains sont Bétis, ma meilleure amie est Peul. Il fut soudain mal à l'aise. Je ne lui faisais pas confiance. Je pensais à mon bébé qui n'était plus, je touchais mon ventre. Je ne voulais pas qu'il soit « expulsé ». Éric revint, toujours calme et posé.

Pendant que le médecin introduisait la gélule dans mon vagin, Il tenta de me consoler en disant que les fausses couches sont courantes et que cela ne m'empêchera pas d'être à nouveau enceinte. Je ne l'écoutais pas. J'avais envie de mourir. De crier. De pleurer. Mais je suis restée stoïque. Le médecin nous invita ensuite à rentrer chez nous jusqu'à ce que les contractions surviennent et que la poche de sang lâche. Cela devait se produire au moins cinq heures plus tard.

Il était 15h30. Nous n'avions rien mangé de la journée. J'étais déshydratée, épuisée. Jusque-là, aucun proche n'était au courant. Sur le chemin du retour, Éric appela successivement ma mère, ses parents, son frère. Je ne voulais parler à personne. Je regardais à travers la fenêtre sans rien voir. Arrivés à la maison, je fonçai vers la chambre et lui vers la cuisine. Il me força à manger malgré mes réticences. Je dormis d'un sommeil profond et sans rêve. Éric était toujours à mes côtés. Puis, soudain, je me suis réveillée avec des douleurs au ventre inimaginables. Éric avait fini par s'endormir et je ne voulais pas le réveiller. Je me suis glissée hors du lit tant bien que mal et je me suis allongée sur le canapé en rotin dont la mousse trop fine donnait mal au dos.

17h. Trop tôt, selon les prévisions du médecin. Je ne savais ni quoi faire ni quoi penser. Alors j'ai attendu. Des gouttes de sang ont commencé à couler. Je me suis dit que c'était mon bébé qui partait. Grimaces, soupirs, larmes silencieuses, j'étais impuissante. Quand la douleur s'est accrue, j'ai enfin décidé d'aller réveiller ton papa. Je lui ai parlé de mon hésitation, qu'il ne partageait pas. Il fallait aller à l'hôpital. Il appela Victoire, l'épouse du Secrétaire Général avec qui je m'entendais assez bien, pour emprunter sa voiture. Elle fit mieux, elle nous y conduisit. A l'hôpital commença une valse à mille temps.

Les douleurs étaient devenues insupportables. C'était une nouvelle consultation, il fallait tout recommencer. Éric demanda à Victoire de rester avec moi pendant qu'il prenait les renseignements pour l'hospitalisation. Il se fit balader de guichet en guichet avec des informations et des tarifs différents à chaque fois. Comme si la surenchère due à sa tête blanche n'avait pas de fin. Exaspéré et inquiet, il alla chercher directement un médecin pour que je sois vue, quitte à trouver après un moyen de payer pour cette consultation. Au même moment, le jeune obstétricien du matin passa dans le hall et me demanda si je saignais abondamment. Je lui ai répondu que j'ignorais comment évaluer le « abondamment ». Il me conseilla de rentrer chez moi car la poche n'avait pas lâché. J'avais trop mal. Et je n'en pouvais plus des embouteillages de Yaoundé. Je me suis alors levée très énervée. C'est à ce moment que ça s'est produit. J'ai senti comme un ballon qui éclate, et un liquide chaud me couler entre les jambes. Lorsque j'ai relevé les yeux, j'ai croisé ceux d'Éric qui était revenu. La tristesse et l'inquiétude dans son regard faisaient écho à ce que je vivais et ressentais. J'ai regardé ce gynéco avec le peu de froideur qui me restait :

- « Et maintenant, est-ce que je saigne abondamment ? Va-t-on enfin pouvoir s'occuper de moi ?? »

Il opina du chef. A ce moment précis arriva ma mère, qui avait dû rouler très vite entre Douala et Yaoundé, sur cet axe dangereux qui avait vu mourir de nombreux proches. Les tâches se répartirent spontanément. Maman fit le nécessaire pour mon admission en moins de dix minutes. Le ridicule de la valse des guichets était réservé aux seuls blancs. Il fallait bien qu'ils aient quelques privilèges dans leur ancienne colonie… Pendant qu'Éric retournait à la pharmacie, car il fallait tout acheter, les gants, les pansements, les seringues, etc. Victoire me tint compagnie dans la salle d'attente. Elle avait perdu deux bébés. Elle me tenait la main et me demandait d'être forte, de prier et de garder espoir. A cet instant, rien de tout cela n'était à mon programme.

La nuit était tombée depuis longtemps quand je fus enfin installée dans une petite chambre. Éric dut retourner dans une autre pharmacie, au centre-ville, pour d'autres équipements. Quand il sortit, j'entendis le commentaire à voix haute provenant d'une chambre voisine : « ils ont eu la chambre rapidement alors que nous les petites gens on galère. C'est parce qu'il est white, nooooon. » Éric ne dit rien. Moi non plus. A chaque jour suffit sa bêtise.

En l'absence d'Éric, le jeune docteur vint voir sa malade. Il demanda à ma mère de sortir. Pour m'éviter une aspiration, il allait tenter d'introduire sa main pour aller chercher directement le fœtus. J'ai écarquillé les yeux. Je n'avais jamais entendu parler de cette façon de faire. Mais j'ai acquiescé. Il m'ordonna de ne pas crier et de ne pas pleurer. J'ai hoché la tête. Ses longs doigts pénétrèrent mon vagin, habillés d'un gant fin, tandis que je réprimais un mouvement de recul et de révulsion. Je tentais de respirer profondément. Je sentais ses doigts à l'intérieur de mon utérus et plus rapidement que je ne le pensais, il ressortit avec un truc. Ce « truc » sanguinolent, rouge, visqueux, on aurait dit du rognon frais, sauf que c'était Ashrey qui n'était plus. Ce fut plus fort que moi. Je pleurai. Il me regarda durement en m'intimant l'ordre de me calmer. Je demandai à toucher « mon bébé ». Il acquiesça. J'essayai de me redresser. Alors que je tenais ce cœur qui avait cessé de battre, cette vie qui ne sera jamais, je me disais que cela devait être une fille. Mais en fait, je n'en saurais jamais rien. J'imaginais à ce moment-là que rien d'autre ne me ferait jamais autant de peine.

Le médecin reprit le fœtus qu'il posa dans une espèce de bol en aluminium. Il me regarda posément et me dit : « tout n'a pas été expulsé. Il faudra faire une aspiration. Je reviendrai vous chercher dans quelques heures. »

Je fus réveillée vers minuit par une infirmière. Un bloc opératoire s'était libéré. Personne n'avait le droit de m'accompagner. Au fond, je préférais cela. Dans une cabine, je me déshabillai pour enfiler une blouse transparente achetée par Éric à la pharmacie. Je posais des questions à l'infirmière sur le déroulement de l'aspiration. Pour seule réponse, j'entendis de sa bouche au rouge à lèvre mal mis :

- « Ah ! Ce sont les sous-vêtements que les blancs aiment hein ? »

Je regardai le soutien-gorge en dentelle bleu ciel que je tenais encore entre les mains. Puis je levai les yeux sur elle. Sa question était tellement stupide que je ne dis plus un mot.

Dans le bloc, tout y était froid et gris. L'odeur du produit anesthésiant embauma mes narines. Je me suis allongée sur la table, ai mis mes pieds dans l'étrier. Le médecin était en retard. Il entra finalement d'un pas nonchalant, s'assit et me regarda.

- « Madame, je suis très fatigué ! me dit-il.

- ….

- Je suis de garde depuis 24h, je n'ai rien mangé de la journée. Est-ce que ton white, là, a prévu quelque chose ? » Ajouta-t-il d'un regard mauvais.

Je n'en croyais pas mes oreilles. Je venais de perdre mon bébé, j'étais seule dans un bloc opératoire, nue, les jambes en l'air, la boule au ventre, entouré d'une infirmière raciste et jalouse et d'un chirurgien qui réclamait un pot de vin. J'étais complètement dépassée par la situation. Je ne pipai mot. Il se leva, enfila les gants achetés par Éric, regarda le matériel aligné sur un plateau métallique et invita l'infirmière à allumer l'appareil dont le seul bruit de l'aspirateur m'indiqua que les minutes qui allaient suivre seraient épouvantables. Sans prévenir et sans anesthésie, il introduisit le tuyau dans mon vagin. Mon cri de douleur couvrit un instant le vacarme de la machine. Dans le tuyau transparent j'avais vu passer des morceaux de mon ventre. Le médecin s'arrêta. « Ce n'est pas parce que tu es mariée à un blanc que tu dois oublier que tu es noire ! » dit-il. Il m'ordonna de me taire et reprit son geste avec la même brutalité. Je n'ai jamais eu aussi mal de ma vie. Je pleurais mon bébé qui partait dans un tuyau, la bêtise du racisme et de la xénophobie, je vomissais la corruption et l'injustice du système de santé camerounais ; je pensais à toutes les autres femmes passées ici et qui subissaient chaque jour les affres d'un système broyeur, où les patientes ne sont pas considérées comme des êtres humains, mais comme des sources de revenus immédiats, légaux ou non.

J'ai eu droit aux antidouleurs à la fin de l'intervention. Finalement, il semblait que les noires ressentaient aussi la douleur. De retour dans ma chambre, je me suis endormie immédiatement. Au milieu de la nuit, j'ai ouvert les yeux. Ton papa était là, éveillé, à me regarder dormir. Lui qui se couche habituellement à 20h – sauf projet académique ou soirée folle -, je me suis dit que son système devait être à bout de force. On s'est regardés. Et, simultanément, mains entrelacées, on a prononcé trois mots : « on y va ».

L'avion qui devait nous emmener en voyage de noces à l'Extrême-Nord du Cameroun décollait à l'aube. Nous venions de décider de ne pas le rater. Cela nous éloignerait du campus et c'était déjà ça. Je signai les documents de sortie et j'insistai pour dire au revoir au pseudo-médecin-xénophobe-corrompu-et-affamé de l'aspiration pour le regarder dans les yeux. Il était mal à l'aise.

J'avais mal partout. Mon corps saignait. Mon cœur aussi. Arrivés à Maroua, nous espérions pouvoir suivre au moins une partie du programme que nous avions préparé, avec nos amis Luc et Naomy, tous deux volontaires du Défap, qui habitaient dans la région. Mais je perdis beaucoup de sang lors de la première nuit, à l'hôtel, et j'avais un mauvais pressentiment. Tout le monde convint qu'il fallait une nouvelle échographie. Luc, qui était infirmier, me trouva de la place chez un de ses amis, gynécologue militaire. Celui-ci nous reçut dès son arrivée au camp militaire de Maroua. C'était un monsieur imposant, qui régnait sur un cabinet sombre et défraîchi. Son matériel était beaucoup plus rudimentaire que celui de Yaoundé. Il ne parlait presque pas. A la fin de la consultation, il reprit place derrière son bureau trop petit pour ses grandes jambes, mit ses lunettes et me demanda de résumer les soins que j'avais reçus à Yaoundé. Il porta unc main à son menton et parla enfin.

- « Madame, vous avez une hémorragie interne et il y a des résidus. Vous pouvez prendre la route pour Pouss comme le veut votre programme. Au mieux vous ne pourrez plus jamais avoir d'enfant, au pire vous mourrez en chemin. C'est à vous de décider."

Sa voix était tranchante comme un sabre.

- « Il vous faut un curetage en urgence. Votre vie est en jeu.

- …

- Comme vous l'avez vu, il y a des patients qui attendent à l'extérieur. Nous n'avons pas beaucoup de temps pour décider » conclut-il.

Éric me regarda. J'étais sans voix. Je n'avais pas le choix. Moins de 24h après le premier charcutage, il fallait y repasser.

- « OK… » dis-je d'une voix à peine audible.

Le médecin chef me regarda. Il y avait dans ses yeux de soldat quelque chose qui ressemblait à de la compassion.

- « Une infirmière va vous installer dans la salle à l'arrière. »

Dans la cour, il faisait au moins 40°C. La pièce était vide. Il y avait des toiles d'araignées au plafond. L'infirmière désinfectait le matériel à l'eau de javel, sous mes yeux. Et pourtant, je me sentais plus en confiance, ici, dans un camp militaire, à l'Extrême-Nord du Cameroun, qu'à l'hôpital gynécologique de la Capitale. Le médecin arriva, m'expliqua en quoi consistait un curetage et commença à racler. Sans anesthésie. Je souffrais en silence. Il y avait du sang partout. Il fit son travail consciencieusement. Quand il m'annonça que c'était fini, j'étais au bord de l'évanouissement. Je le remerciai d'une voix faible. Il me recommanda de rester allongée au moins une heure avant de prendre la route.

Le trajet de Maroua à Pouss fut infernal. Aucun tronçon de la route n'était goudronné, chaque nid de poule me faisait souffrir. Mais cette fois, je savais que c'était vraiment fini. Il ne restait plus rien en moi de mon bébé. Je me sentais vidée. Pendant les jours qui ont suivi, alors qu'Éric donnait comme prévu des enseignements dans un centre protestant de la région, je ne parlais à personne. Je n'avais envie de rien. J'étais ailleurs. Le soir, il faisait tout pour briser la glace qui s'était installée. En vain. Je me contentais de le regarder sans le voir, de pleurer de temps à autre et de dormir. Un jour, alors que nous étions de passage à Maroua avant de reprendre la route pour visiter le parc de Waza, les muscles d'Éric se figèrent. Il tomba par terre et fut pris de convulsions. Luc fit un diagnostic rapide : une crise tétanique, provoquée par une forte angoisse. Je m'occupai de lui mais restai renfermée. Le surlendemain, en pleine nuit, il fit une seconde crise tétanique. Puis, il reprit son calme. La veille de notre retour à Yaoundé, il attendit mon réveil de sieste pour me dire ceci :

- « Nous avons perdu un bébé. Ashrey n'est plus là. Je ne sais pas du tout ce que cela fait d'éprouver cette perte dans sa chair. Je n'ose pas imaginer ce que tu as vécu dans ton corps, dans ta peau, dans tes tripes. Je sais que je t'aime et que je suis là. Je ne connais aucune autre âme aussi puissante que toi. Aucune autre que toi n'a assez de force pour affronter l'impensable. Tu es bien plus forte que moi et tu le sais. Je ne peux pas affronter cela seul. Je ne peux pas vivre sans toi. Je ne veux pas te perdre. J'ai besoin que tu me parles. J'ai besoin que tu me laisses être là. J'ai besoin que nous soyons un couple qui affronte cette situation ensemble. Marie-Alix Nyoth, tu n'es pas seule. Je suis là et je t'aime. »

Un voile se déchira. Je relevai la tête et je le vis. Ton papa alla me chercher très loin et me ramena. Je ne dis rien mais il sut que j'étais de retour auprès de lui.

Ces semaines terribles, Éric, dans sa lettre, les résumait avec sobriété. Dans la foulée, nous allions tous deux co-signer un article sur ce que nous avions vu du Nord du Cameroun. Un article considéré comme critique de la gouvernance de l'Église et du pays, et qui, par un malheureux concours de circonstances, n'allait paraître qu'en avril dans la revue du Défap, au moment où les tensions sur le campus se seront exacerbées, au moment où il n'allait rester à Éric que trois mois à vivre.

## Chapitre Cinq : 19h30

« *Ne te courbe que pour aimer.*
*Si tu meurs, tu aimes encore.* »

René Char

La douceur des rayons du soleil traversa les volets encore fermés. Après la pluie de la veille, l'odeur de la terre mouillée enveloppa la pièce. Dans le jardin, les oiseaux chantaient un hymne qui ne pouvait être qu'une ode à l'amour. Nos corps nus se frôlaient sans se toucher. Puis, délicatement, s'entremêlaient. Mes paupières s'ouvraient au rythme de la caresse qui parcourait mon corps et m'irradiait d'un désir décuplé. Éric avait des mains d'ange. Et, là tout de suite, elles avaient un avant-goût de paradis. Nous restâmes enlacés l'un à l'autre, en silence. Nos doigts s'entrelacèrent et se posèrent avec délicatesse sur mon ventre, ici et là strié de vergetures offertes par les grossesses, la première, interrompue, et l'actuelle. Car j'étais à nouveau enceinte. Tu étais déjà là et cela nous rendait très heureux. Nous savourions le bonheur confiant d'aimer et de se sentir aimé, la vie ne pouvait être plus belle.

Le jour se levait. Les premières notes de *Feeling Good* de Nina Simone s'élevaient de mon téléphone qui nous servait de platine. Ton papa se rendormit en souriant. Je le regardai avec tendresse.

Le rythme lent de sa respiration me berçait. Et comme tous les jours, je n'en revenais pas d'aimer autant une personne qui m'aimait vraiment en retour. « Que serais-je sans toi ? » pensai-je, alors que la sonnette du bureau se mit à retentir. La porte principale s'ouvrait mal, si bien que tous les habitués sonnaient au bureau. Couche-tard à tendance insomniaque, j'ai toujours eu du mal à me lever le matin. C'est Éric, couche-tôt et lève-tôt, qui ouvrait, en général. Ce matin, il dormait et moi, je profitais des premières lueurs du jour en rêvassant. Alors, je me levai et allai ouvrir. Trois fois, je demandai à la personne derrière la porte de décliner son identité. Sans réponse, je retournai au lit. C'était une règle entre nous : s'enquérir de l'identité de la personne derrière la porte avant d'ouvrir et en cas de silence, ne pas ouvrir. Il était 6h et je me dis que la personne avait pris conscience de l'heure et était repartie.

Je pouvais passer l'éternité dans les bras aimants d'Éric. Le moment où il devait quitter le lit pour se mettre au travail arrivait toujours trop vite. Je faisais une moue en me moquant tendrement de la machine de travail qu'il était, tandis que déjà il filait en vitesse se préparer.

Après quelques pompes, une douche rapide et un café sans sucre, sa journée pouvait commencer : toujours par une heure de langue par jour, alternativement l'hébreu, le grec ou l'arabe. La suite dépendait du jour de la semaine.

On était dimanche. Habituellement, il écrivait ses dernières itérations théologiques puis, venait me réveiller pour aller au culte. Mais, ce dimanche avait quelque chose de particulier. En raison de notre sentiment d'insécurité sur le campus, nous avions décidé la veille de disparaître discrètement lundi matin. J'avais avancé sur l'emballage de nos affaires. Ton papa avait un sens du rangement plusieurs milliers de fois supérieur au mien. C'est donc à lui que revenait de mettre les colis dans les malles. Il numérota, classa, rangea.

Tandis qu'il travaillait avec le sérieux qui le caractérisait, Hope, notre filleule de 9 ans venue passer quelques jours avec nous, lui tenait compagnie. C'était la fille d'une amie de longue date qui, dès sa naissance, m'avait choisie comme marraine. Je n'avais alors que 18 ans. Après mon mariage, ce fut une évidence pour Hope qu'Éric serait son parrain. Il ne voulait pas être un parrain de pacotille. Il lui avait donc demandé de motiver son choix et de lui dire ce qu'elle attendait de lui. Impressionnée et surprise, elle ne s'était pas défilée. Après une discussion à laquelle je n'avais pas été conviée, Eric accepta sa demande. Hope était donc très proche de son parrain qui, beaucoup plus tendre envers elle que moi, lui passait tous ses caprices.

En général, le dimanche, nous déjeunions dans un petit restaurant familial qu'Éric aimait beaucoup. Le *ndolè*, un plat traditionnel, décliné dans toutes ses variantes, était le seul plat au menu. Après une courte hésitation, nous décidâmes de rester à la maison pour boucler les malles.

La table de la salle manger étant couverte d'affaires à emballer, nous mangeâmes dans la cuisine. Hope regrettait de nous voir partir et nous fit promettre de revenir bientôt - ou de lui offrir un billet pour nous rejoindre. Elle n'avait jamais vu d'avion et ses yeux pétillaient. J'écoutai leur conversation sans y participer. Ton père était un parrain-gaga, toujours à l'écoute de ses questions et de ses besoins. Hope avait de la chance, et le savait.

Je m'éclipsai pour la sieste. Mes insomnies étaient aggravées par la grossesse, à laquelle s'ajoutait une crainte sourde. Mon sommeil fut agité. Je me réveillai le cœur battant à tout rompre, le souffle court. Il nous fallait vraiment quitter cette maison et ce campus. Dans quelques heures, réfugiés dans le monastère catholique sur les collines du Mont-Fébé, nous serions à l'abri. C'est l'endroit que nous avions choisi pour nous cacher avant notre départ définitif du Cameroun. Je me rendormis. Une heure plus tard, je fus réveillée par une cascade de baisers m'invitant à rejoindre le monde réel.

Pendant ma sieste, Éric avait commencé la rédaction d'une lettre ouverte dont il parlait depuis quelques semaines et qu'il comptait diffuser très largement. Outre le bilan de ses deux années de mission, il voulait aborder les dysfonctionnements du Nord comme du Sud, qu'il avait observés pendant son séjour au Cameroun. Je n'avais rien pu faire pour l'en dissuader. Au mieux, Daniel Marguerat, professeur suisse de passage pour qui il avait du respect, avait-t-il réussi à le convaincre de restreindre la liste des destinataires aux seules Églises et partenaires français. Éric avait écrit une dizaine de pages mais sa filleule, qui le regardait avec des yeux ronds façon chat botté, le fit craquer et changer une nouvelle fois ses habitudes du dimanche. Nous allions tous sortir lui acheter un goûter.

Dans cette petite maison, nous n'avions pas de grand miroir. La seule glace était celle du lavabo dans la salle de bain. Depuis la veille, elle était barrée d'un message d'Éric au dentifrice et en majuscule : « MA CHERIE, JE T'AIME ». Je me disais que j'avais le mec le plus adorable de l'univers. Je me demandais aussi à quoi je ressemblais après 4 mois de grossesse. J'ai à nouveau souri en me disant que finalement, on est aussi belle dans les yeux de celui qui nous aime et que cela me suffisait – pour le moment.

En pleine saison des pluies, il faisait un temps magnifique. Le soleil était haut et fier. Il régnait sans partage sur les nuages et sa force me redonnait de l'énergie. Pour la première fois depuis quelques jours, je portais quelque chose de convenable, un joli top violet et un *tregging* noir. Pour aller chercher le goûter de Hope, nous avons traversé le campus en riant aux plaisanteries pas drôles de ton papa. Nous étions tous les trois alors qu'il avait été prévu que ce dimanche-là, Aimée, la maman de Hope, nous rejoigne, ainsi que Luc, Naomy et leurs deux enfants, les coopérants de Pouss qui terminaient leur mission dans l'Extrême-Nord du Cameroun. Ils avaient appelé vendredi pour nous informer qu'ils ne passeraient finalement pas par Yaoundé. Nous étions bien, tous les trois, cet après-midi. Nous avons croisé quelques étudiants qui nous regardaient de biais. Rien ne semblait entamer la bonne humeur d'Éric, qui m'annonça qu'on allait finalement faire, in extremis, le soir-même, la partie de poker plusieurs fois repoussée. Il proposerait à Manu par amitié et à Robert par devoir, d'y prendre part - car Manu et Robert étaient amis et ces derniers mois, seul Manu était convié.

Car cela faisait un certain temps qu'Éric ne supportait plus Robert. Frère du Secrétaire Général, chez qui il se complaisait à vivre, il n'avait pas de petite amie connue. A 37 ans, il n'était pas titulaire d'un master mais grâce au statut de son frère au sein de l'Université, il avait obtenu un poste de vacataire à la Faculté de Sciences Sociales. Éric, qui avait fait sa connaissance à son arrivée sur le campus, lui reprochait d'être un sophiste, une personne commère dont les propos ne peuvent être vérifiés ; il était las de répondre à ses trop nombreuses sollicitations d'aide à la préparation de ses cours ou de prêts jamais remboursés. Mais plus encore, il était convaincu que Robert était amoureux de moi et jaloux de lui. Le jour où il partagea avec moi cette analyse, je n'ai pas cherché à le contredire. Je n'y avais jamais pensé. Tout ce qui m'importait c'était de quitter ce campus tous les deux, le plus rapidement possible. Pour moi, cela impliquait de devoir sourire poliment aux nombreux jaloux et fâcheux qui nous entouraient. Ton père était moins diplomate. Il ne souriait à personne qu'il n'aimait pas. Je me disais que chacun avait ses méthodes.

Ce soir donc, nous allions jouer au poker. Eric gagnerait, comme toujours. Sur le chemin poussiéreux de l'Université à la boulangerie, nous avons croisé Priscille et son époux à bord de leur voiture. Salutations rapides. À la boulangerie, nous avions décidé de prendre de quoi dîner. C'est la première fois que nous achetions là des pizzas et autres gourmandises pour le repas. Ton papa préférait les faire lui-même. Cela avait plus de goût et coûtait moins cher.

Ce sont donc les mains chargées que nous avions regagné la maison, d'excellente humeur. Hope et moi essayions de retenir les paroles et la mélodie de « Avinou », le Notre Père écrit en hébreu et composé par Éric. Il ne plaisantait pas avec la musique et répétait posément paroles et mélodie. Hope et moi ne parvenions pas à prononcer correctement les mots hébreux et ce fut l'occasion de fous rires incroyables.

A ce moment, nous étions entrés dans le campus et passions devant le temple où répétait la Grande Chorale. Il avait envie de les rejoindre mais voulait aussi terminer sa lettre. Je lui adressai un sourire compréhensif : cela faisait longtemps qu'il n'avait pas joué de violon et je savais qu'il adorait cette chorale - il était le seul prof à en faire partie. Il me demanda de l'accompagner et pour une fois, j'ai accepté. Nous avons déposé les courses à la maison, il en a profité pour écrire une page ou deux de sa lettre, il attrapa son violon et nous sommes allés rejoindre la chorale.

Je me suis installée tout au fond de la salle avec Hope pendant qu'Éric accompagnait au violon le groupe qui l'accueillit avec joie. Quand il faisait de la musique, tout comme lorsqu'il écrivait, Éric ne voyait pas le temps passer. Mais Hope commença à s'ennuyer et partit jouer avec le fils de Priscille. Moi, j'écoutais le chœur, et mon cœur battait fort pour cet homme que je ne me lassais pas d'aimer.

La nuit était tombée sur la capitale et l'air s'était rafraîchi. Je me suis rappelée que le linge était étendu dehors, dans un coin du petit jardin plein de moustiques. Même si nous nous étions promis que c'était lui désormais qui s'en occuperait, afin de limiter pour moi les risques de paludisme durant la grossesse, je ne voulais pas l'interrompre alors qu'il chantait pour son dernier soir sur le campus. Il travaillait trop, il était particulièrement angoissé. Tous les instants de bonheur que la vie pouvait lui offrir, je faisais de mon mieux pour les lui décupler. J'ai donc décidé d'aller plier ce linge, ce dernier soir sur ce campus où il n'y aura plus jamais de linge à ranger. Cela me prit 15 minutes. De retour dans le temple, un peu essoufflée, je me sentis envahir par la fatigue. Éric, lui, irradiait de joie. Cela faisait près de trois heures qu'il jouait. Je lui fis signe que j'allais rentrer. Il décida de venir avec moi et salua tout le monde. Nous allâmes chercher Hope chez Priscille. Éric ne se départait pas de son enthousiasme. « C'est dans des moments d'échanges comme celui que je viens de vivre avec les choristes que je me dis que tout n'est pas perdu pour l'UPAC ». Il dit vouloir offrir un instrument de musique à cette chorale qui en manquait cruellement, en guise de cadeau d'adieu. Dans son élan de générosité, il ajouta qu'il donnerait son métronome à Manu puisque ce dernier aimait s'en servir pour diriger la chorale. Ton papa était heureux ce soir-là, et son bonheur était contagieux.

Il était 19h15 lorsque nous avons passé la porte de la maison. Tandis qu'il se dépêcha d'aller ranger son violon, « l'extension de son âme » comme je l'appelai affectueusement, je suis allée à la cuisine réchauffer les pizzas achetées quelques heures plus tôt. Hope se lavait les mains. A 19h20, nous étions tous les trois à table, dans la cuisine. La salle à manger était toujours encombrée de bagages. J'ai redemandé à Éric à quelle heure étaient attendus les deux invités pour le poker. « 20h pour Manu qui sera en retard à cause de la répétition de la chorale, 19H30 pour Robert. », répondit-il.

Il y avait une grosse part de pizza par personne. Comme à chaque repas, avant de manger, Éric partagea la sienne pour que Hope et moi en ayons un morceau. Alors qu'il portait ce qui lui restait à la bouche, trois coups furent frappés à la porte du bureau. Nous regardâmes l'heure. Il était 19H30. Nous rîmes en nous disant que c'était bien la première fois que Robert était ponctuel. Éric m'embrassa en se levant et partit ouvrir. Il respecta nos consignes de prudence ; je l'entendis demander qui était là. Puis ton père ouvrit la porte. Son cri est le dernier son que j'allais entendre de lui vivant. L'instant d'après, il était mort.

# Chapitre Six : Good cop, bad cop

*« Il n'existe aucun secret qui ne puisse être découvert. »*

Emerson

Yaoundé, 8 juillet 2012, 19h30. Eric de Putter, ton papa, vient d'être assassiné. Enceinte de quatre mois, je suis veuve à 27 ans. Un cauchemar. Je n'y crois pas. « Ils » ne peuvent pas avoir gagné. Après la morgue, je suis de retour sur les lieux du crime. La vue de son sang est insoutenable. Un des officiers de police demande à vérifier mon identité. Comme une automate, je lui donne mon passeport, ma carte d'identité et même mon carnet de vaccination.

- « Vous êtes française ? La couleur de mon passeport le laisse incrédule.

- Oui.

- Étiez-vous mariés ? La stupéfaction grandit en lui.

- Oui.

- Mais il n'y a pas son nom sur votre passeport ? S'interrogea-t-il.

- Non. J'avais un nom avant de me marier, je n'estimais pas nécessaire de changer d'identité parce que mariée. »

L'enquêteur va de surprise en surprise. Française, née parisienne, j'étais à l'opposé de ses stéréotypes et des préjugés. L'interrogatoire en public se poursuivit :

- « Madame, votre mari avait-il une assurance vie ? demanda-t-il.

- Non. Mais moi j'en ai une. »

Cela fait trop de surprises pour un soir. Les officiers regardent autour d'eux. Il doit être 21h30. La maison a été envahie par une cinquantaine de personnes. Je ne les connais pas. Je me dis que les meurtriers sont peut-être là. Cela me révolte. Je ne comprends pas pourquoi la police ne leur demande pas de sortir. Pourquoi les officiers ne prennent pas d'empreintes ? Cela ne ressemble à aucune série policière où les experts établissent des périmètres de sécurité, cherchent des empreintes, prennent des photos des lieux du crime. Il m'est impossible de rester une minute de plus dans cette maison, avec tous ces voyeurs infâmes. Les inspecteurs saisissent le téléphone portable d'Éric et tous mes documents d'identité - et donc de voyage -, et me convoquent le lendemain à 8h. Avant de quitter ces lieux que je souhaitais ne plus jamais revoir, j'ai tout juste eu le temps de prendre l'ordinateur de ton papa ainsi que son précieux violon. Mina, une amie qui a entendu parler du drame m'a rejointe et s'apprête à me tenir compagnie toute la nuit. Baba, qui ne m'a pas quitté d'une semelle depuis la morgue, nous conduit à l'Hôtel des Députés où, en tant qu'élu de la République, il a une suite réservée à l'année.

Il hésite à nous laisser seules. Je lui dis que je vais appeler la mère de notre filleule. Il insiste pour que j'appelle en sa présence. Mon téléphone n'a plus de batterie et je suis désemparée. Mina appelle.

- « Aimée, dit-elle, Éric est mort. Hope est chez les voisins. S'il-te-plaît il faut aller la chercher.

- Quel Eric ? Qui est-ce ? N'importe quoi hein… ! » répond en dormant toujours la mère de Hope, qui raccroche.

Je rappelai. J'insistai. Au bout du troisième appel, elle décrocha à nouveau. Dans sa voix, le sommeil a fait place à la colère.

- « Il ne faut pas déranger les gens la nuit… Qui êtes-vous ?

- C'est Marie-Alix. Aimée, réveille-toi : ERIC EST MORT et j'ai besoin que tu ailles chercher Hope qui est chez les voisins. »

Elle sursaute. Cette fois, elle est vraiment réveillée.

- « Alix, où es-tu ? J'arrive. L'agressivité ayant cédé la place à la panique.

- Aimée, va chercher Hope.

- Où es-tu ? »

A son arrivée, Baba nous laisse toutes trois et promet de revenir tôt le lendemain pour m'accompagner au commissariat. Aimée me regarde, sans voix. Puis, elle craque.

- « Vous étiez un si beau couple… Un si beau couple… Alix, je suis désolée de ne pas être venue ce soir comme je t'avais promis. Je suis désolée… tellement désolée. Peut-être que si j'étais venue, je ne sais pas… je ne sais pas… » Sa voix s'éteint dans un soupir.

Je ne parviens pas à parler. Elle m'invite à essayer de dormir. Mon regard est vide. Assise sur le bord du lit, j'entends le souffle régulier d'Aimée qui s'est endormie, comme Mina. Je repasse cette journée dans ma tête. En état de choc et de sidération, j'aimerais pleurer, crier, hurler. Toutes ces émotions se bousculent mais aucun son ne sort. Je regarde par la fenêtre. Il y a un balcon. On est au 16e étage. La nuit est belle, étoilée. Appuyée contre la rambarde, je regarde le ciel. Je me dis qu'à cet instant précis, je pourrais devenir l'une d'entre elles et briller de nouveau à côté d'Éric. Je ne vois plus d'intérêt à vivre sans lui.

Tout me revient. Les débuts timides, les mails enflammés, l'amour qui survit à la perte d'Ashrey, et toi, le bébé de la liberté qui grandit en moi. Instinctivement, je touche mon ventre. Je repense à ta conception, une douce matinée, sur les hauteurs du Mont Cameroun.

Éric et moi avions entrepris un voyage dans le Sud-Ouest où j'ai passé une partie de mon enfance. Je tenais à ce que ton papa découvre ce Cameroun anglophone où la couleur de sa peau ne donnerait lieu à aucun commentaire, ce Cameroun décomplexé et particulièrement accueillant. Marcher main dans la main dans les rues de Buéa fut un plaisir simple. Personne ne nous accostait, ne nous critiquait, ne nous insultait, ne demandait sa part de la « dot ». Les prix ne flambaient pas parce qu'il était blanc. Vivre cela après notre séjour chaotique à l'Extrême-Nord et les difficultés de Yaoundé fut une belle découverte pour lui. Bien entendu, il n'était pas envisageable de repartir sans escalader le Mont Cameroun. Le guide nous avait prévenus, il fallait aller au moins jusqu'au deuxième refuge. Nous ne pouvions pas nous arrêter ou passer la nuit au premier refuge, sous peine de déclencher la colère des « anciens ». Alors, nous avons marché, de nombreuses heures. Mon épuisement n'avait d'égal que la joie dans le regard d'Éric qui en redemandait. Je rouspétais de temps à autre, parisienne oblige, Eric planait. Après une dizaine d'heures de marche avec de nombreuses pauses, nous arrivâmes enfin au deuxième refuge. Il y avait un petit campement avec le strict nécessaire.

Tente dépliée et sacs de couchage posés, la nuit fut belle et reposante. Après m'être auto-félicitée d'avoir réussi cet exploit, admiré la magnifique vue quelques minutes, je m'endormis. Le lendemain matin au réveil, j'avais des courbatures. Je n'étais vraiment pas préparée pour ça ! A ce moment, je tombai sur le regard malicieux d'Éric. Je répondis par la négative. Il était hors de question de faire l'amour ici, dans cet état, à plusieurs heures de la douche la plus proche. En réalité, je pensais surtout sans préservatif. Cela faisait à peine trois mois que nous avions perdu Ashrey et je n'étais pas prête. Ton papa me connaissait bien. Il ne dit rien et mais entreprit une mission dangereuse pour la fermeté de mon refus. Je le regardai, inquiète, et avant que je ne formule ma crainte, il me dit, de sa voix calme et posée :

- « Nous sommes des épris de la liberté. Nous ne vivrons pas dans la peur ! »

Sur ces paroles de sage, sa langue entreprit un voyage au cœur de mon intimité. Je fus officiellement vaincue. En profitant de ce délicieux moment, je me disais que mes craintes étaient exagérées, l'histoire n'était pas appelée à se répéter ; Ashrey n'était plus là mais un autre bébé pouvait arriver et naître vivant ; un enfant forcément exceptionnel.

Et voilà que tu étais bien là. Tu allais grandir en moi malgré les millions de bisous de ton papa que tu n'allais plus recevoir. Je me dis que tu étais une force de la nature qui ne demandait qu'à vivre. Un enfant, pour ton papa et moi, était une responsabilité. Et c'était donc au parent de porter et d'accompagner l'enfant sur le chemin de sa vie jusqu'à l'âge adulte. Le raisonnement qui voulait que je résiste à l'envie de disparaître avant tout, parce que j'allais être mère, me paraissait injuste pour toi qui n'y étais pour rien dans cette tragédie. Tu avais été conçue par deux personnes qui s'aimaient d'un amour plus fort que la mort. L'amour et la liberté devaient l'emporter.

Une petite voix me soufflait aussi que si dès cette nuit, je me jetais de ce balcon, les assassins de ton papa auraient vraiment gagné. Eux qui sont venus pour tous nous tuer, auraient achevé leur mission avec mon soutien.

Je pense à ma maman qui pouvait perdre en une nuit son enfant unique, son gendre qu'elle adorait, et son petit enfant en devenir.

Je lève à nouveau les yeux vers le ciel étoilé. Une force considérable m'envahit. Je vivrai. Tu vivras. Nous magnifierons chaque instant de cette vie. Tant qu'on vit, le champ des possibles est infini. Nous ne serons pas seules. « Oui, la vie suffit à elle seule » dis-je avant de regagner la chambre et de me coucher par terre en pleurant pour une nuit sans sommeil.

A l'aube, Baba vint me chercher. Nous prîmes en silence la direction du commissariat de police. Le trajet dura une quinzaine de minutes.

Tandis que le chauffeur se frayait des chemins improbables dans cette circulation digne d'un lundi matin, je regardai par la fenêtre. Les meurtriers étaient là, dehors, parmi cette foule au visage protéiforme. La façade du commissariat avait été blanche dans un passé lointain. Elle était maintenant recouverte d'une épaisse couche de poussière rouge.

La seule fois où j'avais été dans un commissariat remontait à plusieurs années. C'était à Paris. Mon sac avait été volé à la bibliothèque Beaubourg tandis que je préparais mes examens de fin de semestre. J'avais tout perdu, y compris mes clés – il me serait donc impossible de dormir chez moi. Tout se passa plus ou moins bien jusqu'à ce que le policier me demande sans sourciller, au moment de la relecture la déposition, si je savais lire. Je n'avais pas fait de scandale, mais j'avais développé quelques doutes sur la perspicacité des enquêteurs français, pour un vol ayant eu lieu dans une bibliothèque, ainsi que sur la possible présence dans leur esprit de clichés réducteurs sur les noirs.

Aujourd'hui, c'était différent. Tandis que je pénétrai dans la cour intérieure du commissariat, des visages inconnus me dévisageaient. Ils savaient tous qui j'étais. Partie sans emporter d'effets personnels, je portais mes vêtements de la veille, sur lesquels le sang d'Éric avait séché mais était encore visible. Je dépassai des policiers en uniforme et d'autres en civil. L'un d'entre eux vint à moi :

- « Madame de Putter ?

- Oui

- Suivez-moi s'il-vous-plaît » dit-il en se tournant et en marchant d'un pas rapide.

Je regardai Baba de loin et je lui fis un signe de la main. En m'engouffrant dans le bureau devant lequel s'effaça ce policier, j'ignorai encore que les heures à venir seraient les plus longues de ma vie. La pièce était minuscule. Des dossiers papiers étaient empilés partout où un centimètre le permettait. Un vieux téléphone était posé sur la table. Je me demandais s'il fonctionnait vraiment ou si c'était juste pour donner un genre « inspecteur Colombo ». Il y avait une petite fenêtre en haut à gauche, deux petites tables dont une était occupée par un policier dont je découvris le visage. Il avait un teint clair. Ses yeux marrons me scrutaient. Son visage était impassible. Il m'invita à m'asseoir sur l'unique chaise devant son petit bureau. Assise, les bras croisés, je le regardais. Débuta alors l'audition qui durera plus de douze heures.

- « Bonjour Madame, pouvez-vous s'il vous plaît décliner votre identité », me demanda-t il

- « Marie-Alix Nyoth », cela faisait 27 ans que je me présentais ainsi. Mais je compris qu'il attendait autre chose et je poursuivis mécaniquement

- « … épouse de Putter ». Je venais de concéder un point au patriarcat. Ce n'était pas le moment de faire une diatribe sur le féminisme.

- « Pouvez-vous me confirmer votre date et lieu de naissance ? » poursuivit-il.

Ma réponse fut aussi brève que la précédente. Le style, les formules, la tonalité des questions différaient parfois, mais le fond restait le même. Pendant les premières heures, il s'agissait de savoir qui j'étais. Toute ma vie fut passée au crible de ses questions auxquelles je ne pouvais pas me soustraire. Je n'avais plus de vie privée. L'assassinat d'Éric nous avait enlevé cela.

Progressivement, l'interrogatoire incluait les éléments de notre vie à deux. Le lieu de notre rencontre surprit le policier qui semblait penser que nous nous étions rencontrés au Cameroun. Puis, arriva la première question qui me mit en colère.

- « Madame, aviez-vous un amant ? » l'enquêteur en posant la question resta de marbre.

Je fus tellement choquée que je pris le temps de calmer ma colère avant de répondre. Mon regard était plus froid, et ma voix plus cassante. J'avançai ma chaise et je posai mes yeux dans les siens.

- « Éric de Putter était l'incarnation du bien. C'était un amant extraordinaire qui faisait des cunni à damner une sainte. L'infidélité c'est pour les couards ou pour les gens malheureux inconscients de leur valeur. Je suis une femme libre ! Si j'étais malheureuse, je serais partie. Par ailleurs, avoir un amant demande trop d'efforts pour mentir, à l'autre et à soi-même. C'est une perte de temps. Le mien m'est trop précieux. Savez-vous que lorsque je suis venue le rejoindre ici, Éric percevait une indemnité de 400 euros. 400 euros ! Sachez que je gagnais six fois son salaire en net et hors prime. Votre collègue me demandait hier s'il avait une assurance vie. Non. Il n'en avait pas. Mais moi j'en ai une, et depuis plusieurs années, bien avant de le rencontrer. J'ai quitté ma vie pour ce mec. Il a été tué il y a quelques heures. Je n'arrive toujours pas à y croire. Et, pendant ce temps-là, vous me demandez si j'avais un amant ? Dites-moi, un amant, pour quoi faire ? »

Tandis que je regardai l'enquêteur, furieuse, il continua à prendre des notes. Le silence se fit. Une personne frappa à la porte avant de l'ouvrir. Je me retournai et découvris le visage enjoué de Hope qui me sauta dans les bras. Elle aussi était interrogée, dans une autre salle. La voir me fit pleurer. Tandis qu'elle essuyait mes larmes, elle me dit, de sa petite voix d'enfant :

- « Tata marraine ne pleure pas. Ton amoureux est à l'hôpital. Des méchants lui ont fait du mal mais les docteurs sont en train de le soigner. Tonton Éric va guérir. Ne pleure plus. Il ne voudrait pas que tu pleures » conclut-elle en me faisant un câlin.

Elle ignorait que son parrain était mort. Personne ne lui avait dit. Un court instant, une partie de mon cerveau eut envie de la croire. Mais déjà, un policier la rappela. J'essayai d'imaginer ce que pouvait bien donner l'interrogatoire d'une enfant de neuf ans par des enquêteurs aguerris.

Je fus sortie de mes réflexions par un appel sur le téléphone de l'officier qui raccrocha en répondant simplement « oui, chef ». Il m'informa que nous allions nous rendre sur le campus immédiatement. Je le sentis un peu nerveux. C'était nouveau. Assise pour la première fois à l'arrière d'un véhicule de police, je regardai autour de moi avec curiosité. La voiture était d'un autre âge, sans accessoire et pleine de poussière. Il y faisait chaud mais les vitres étaient maintenues fermées. La radio émettait des sons quasiment toutes les minutes mais les officiers – deux hommes - à l'avant ne parlaient pas. Nous arrivâmes rapidement sur le campus – les sirènes, c'est utile. On m'intima l'ordre de rester à l'intérieur du véhicule. Au même moment, un cortège arriva. Je compris qu'une personnalité serait là. Cela expliquait la nervosité de l'officier. Le chef des chefs de la police s'était déplacé *himself*, accompagné des officiers de l'ambassade de France. Tout d'un coup, ce fut très officiel.

Cette visite créait l'illusion que le gouvernement camerounais se souciait véritablement du sort d'un expatrié français sur son sol. Les policiers qui étaient sur le qui-vive voulaient faire bonne impression devant leur chef. Ils se montraient plus rigoureux que la veille. La reconstitution pouvait commencer. Il me fut demandé d'expliquer, gestes à l'appui, le déroulement de la journée puis de la soirée. Je parcourus à nouveau cette maison. Je dus à nouveau me coucher dans ce lit, passer par la salle de bain et relire le message d'amour d'Éric resté sur le miroir, retourner au salon, à la cuisine, et dans ce bureau où il avait été tué. Cela dura deux heures. Mais, bien entendu, après avoir entendu et vu l'essentiel, *« le Boss »* était reparti bien avant la fin. Les officiers de l'ambassade étaient restés, ainsi que ceux du commissariat de police. Nous avions été rejoints par les représentants de France Volontaires. Cette organisation m'avait proposé un emploi au Cameroun, que j'avais dû refuser en raison du retour en France prévu avec Éric depuis l'apparition des tensions sur le campus.

Le retour au poste de police se fit aussi vite que le départ. Chaque pion retrouva sa place. Les questions identiques se suivaient, les réponses invariables aussi. Je demandai une pause qui me fut accordée. À l'extérieur, je vis arriver Luc et Naomy, qui étaient accourus en catastrophe. Eric et moi avions initialement prévu de passer quelques jours avec eux - y compris le dimanche du drame. Au lieu de cela, Naomy et moi étions dans les bras l'une de l'autre, en larmes, dans la cour d'un commissariat de police.

Peu à peu, d'autres personnes firent cercle autour de moi. Ma famille était arrivée de Douala. Quand je fus rappelée dans le bureau que je connaissais maintenant par cœur, la présence de mon entourage m'aida à supporter la solitude de l'interrogatoire.

Il faisait nuit depuis longtemps à Yaoundé mais j'étais toujours au commissariat de police. Je n'avais ni montre, ni téléphone. L'officier s'absenta une éternité.

- « Madame de Putter, ce sera tout pour aujourd'hui » dit-il en entrant dans la pièce avec ce qui ressemblait à un sourire.

Je n'ai rien trouvé à dire tellement j'étais épuisée.

- « Avant de partir, dites-moi, où êtes-vous logée ? Où peut-on vous trouver ? » S'enquit-il presque sympathique.

Ce changement dans son comportement me surprit et je lui donnai le nom de l'hôtel en sachant qu'ils savaient parfaitement où me trouver. Ils avaient dû me mettre sur écoute et j'étais forcément suivie.

- « Je vous attends demain à 8h » dit-il. Il me rendit mon téléphone, un modèle récent

Blackberry, et m'indiqua la porte, sans me raccompagner.

Une dizaine de membres de ma famille m'attendaient à l'extérieur, Maman, qui était en France pour raison médicale, a été une des seules à ne pas voir sa fille unique sortir en petits morceaux d'un commissariat de police, des taches de sang séché sur ses vêtements.

On me proposa de rejoindre le domicile familial. Je préférais le calme de l'hôtel aux pleurs et à la pitié très expressive. Baba avait dû repartir au Nord mais avait laissé la suite et un chauffeur. J'avais besoin de silence. Je n'avais pas le courage de rallumer le téléphone que l'officier m'avait rendu éteint. Il devait y avoir des dizaines, des centaines de messages. Je le confiai à ma cousine Sista, la grande sœur de mon enfance qui savait gérer.

Une partie de la troupe m'accompagna à l'hôtel pour organiser la logistique autour de moi. Et là, dans la suite, je leur annonçai ma grossesse. Le silence se fit avant les embrassades et les pleurs. Chacun se réjouissait de savoir que grâce à toi, il restait « une trace d'Éric sur terre ». Les uns criaient à la bénédiction - dans ce contexte cela m'était assez difficile à entendre - ; Les autres louaient la grâce de Dieu. Ils me conseillèrent d'être forte pour toi. J'entendrai ce crédo jusqu'à ta naissance. Et soudain, Sista éclata en sanglots :

- « Oh Alix ! Heureusement que tu n'es pas sur Facebook ni sur aucun réseau social. C'est toi qui avais raison à propos de ça… Si seulement tu savais ce qui se dit… »

Les autres lui intimèrent de se taire. Je ne comprenais pas. Je me tournai vers elle et lui demandai de m'en dire davantage.

- « Ma sœur ! Les Camerounais disent partout qu'avec ton amant tu as tué ton mari blanc pour son argent et pour ses papiers ! »

J'étais assise sur le bord du lit. Je sursautai.

- « Ce matin, je me suis disputée avec un collègue avant de prendre la route. Il parlait de toi comme s'il te connaissait mais il ne savait pas que tu étais ma sœur. Il disait : « notre sœur à encore frappée fort ! Tu as entendu l'histoire de la "go" qui a tué son blanc pour son argent et ses papiers ? » Je lui ai dit de se taire et que j'étais ta sœur, il a eu honte mais a continué à colporter des sottises. C'est sorti partout : dans la presse, à la télé et à la radio. Ils disent que c'est un crime passionnel. Les gens en parlent partout dans les bars. Et même dans le bus, je me suis encore pris la tête avec quelqu'un. Ça me fait trop mal ! » Sista pleurait.

Dans la pièce, le silence s'était fait. Tout le monde guettait une réaction qui ne viendrait pas. La violence de ce que je vivais prit le dessus sur les rumeurs et les mensonges. Une partie de mon cerveau, celui de mes compétences professionnelles, savait ce qu'il fallait faire. Mais, on ne peut pas être sa propre chargée de communication. J'étais devenue une personne publique malgré moi. J'étais sous le choc et anéantie par la tragédie que je vivais. A cela s'ajoutait la peine de voir mes proches souffrir des commentaires nauséabonds à mon sujet. Pour toute réponse, je la serrai très fort. Elle se calma, me regarda en souriant et me dit avant de s'en aller :

- « Ma sœur, heureusement que tu es forte. Tu as toujours été forte. Tu vas t'en sortir, comme d'habitude. »

Tout le monde partit avec elle, à l'exception de la veilleuse de la nuit. Ce soir-là, c'était ma tante, celle qui dans mon enfance avait si souvent contrôlé que la vaisselle soit propre et mon lit impeccablement fait. Ce soir, elle me conseillait d'essayer de dormir. Je n'y arrivais pas. Elle non plus. Alors nous parlâmes à bâtons rompus jusqu'au lever du soleil. Après une deuxième nuit sans sommeil, il fallait se préparer pour le commissariat. J'avais des vêtements de rechange arrivés de je-ne-sais-où. Une combinaison noire ferait l'affaire. Le chauffeur vint me chercher comme convenu. Il était ponctuel et très discret. Ma tante m'accompagna.

Je fus accueillie par le même policier que la veille. Mais nous prîmes une autre direction. Après un couloir sombre s'ouvrit une grande salle pleine à craquer de gens qui se mirent à nous dévisager, ma tante et moi. Il y avait un vieil homme à la tenue débraillée qui répondait aux questions d'une policière très ronde à la voix forte. Tout le monde pouvait entendre ce qui se disait, une histoire de prêt non remboursé. Plus loin, il y avait une femme très élégante qui se plaignait auprès d'un officier d'un problème familial lié à un terrain. C'est dans ce brouhaha qu'étaient prises les dépositions. Cinq minutes plus tard, nous étions introduites par l'officier avec qui j'avais passé 12 heures la veille dans un grand bureau climatisé au fond duquel était assis, distant, un homme en tenue civile, particulièrement bien habillé. Le portrait du Président de la République était accroché au mur, ainsi que différents diplômes et attestations. La présence d'un réfrigérateur soulignait l'importance de la personne. On nous désigna des chaises le long du mur.

- « Alors, madame de Putter, comment allez-vous ce matin ? » s'enquit celui qui devait être le commissaire en chef, souriant et chaleureux.

- « Je suis fatiguée…

- C'est votre maman qui est à côté de vous là… Vous êtes madame... ? » demanda-t-il à ma tante.

Il posa des questions sur notre famille et découvrit qu'avec nos origines Duala, Bassa, Banen, Bamiléké et Béti, nous étions cosmopolites. Il échangea quelques mots en *Bassa* avec ma tante et eut l'air plutôt satisfait.

- « Donc tu es ma fille ! Oh vraiment ! Avec la jeunesse de nos jours qui ne connaît plus ses origines ! » semblait-t-il se lamenter.

Je ne dis rien. Ma tante lui souriait.

- « Alors, ma fille, il paraît que ton ancien fiancé n'aimait pas ton mari ? » dit-il en faisant semblant de continuer à signer la pile de parapheurs posée devant lui.

La journée s'annonçait rude. Après un court moment, je répondis, sidérée :

- « Je ne comprends pas votre question.

- Elle est pourtant très simple ! s'exclama-t-il en me regardant avec un sourire posé. Il paraît que tu as quitté ton ex petit copain… euh… comment s'appelle-t-il déjà… Alex.. Oui c'est ça… donc tu as quitté Alex pour te mettre avec Monsieur de Putter alors que vous étiez fiancés. Est-ce exact ?

- Non. Ma réponse était sans appel. Il leva les yeux. Je soutins son regard.

- Etiez-vous fiancés ? insista-t-il

- Nous avions des projets de fiançailles.

- Hum... Oui, c'est ça. Bon. Je vais être plus précis : a-t-il toqué à la porte ? » Dans la tradition camerounaise, « toquer à la porte » pour un homme revient à faire une demande formelle de mariage aux parents de l'être convoité.

- Non.

- Donc pourquoi l'as-tu quitté ?

- C'est lui qui m'a quittée. »

Le silence se fit.

- « Ah…. Mais, ma fille, je crois savoir qu'il t'avait proposé de venir vivre avec lui au Cameroun et que tu as refusé. Et pourtant, tu as accepté de suivre Monsieur de Putter ici, … n'est-ce pas? Pourquoi l'as-tu quitté ? insista-t-il à nouveau.

- Je ne l'ai pas quitté. C'est lui qui est parti.

- Mais il n'est pas revenu ? Nous, les hommes, tu sais, on revient toujours, non ? »

Le commissaire ne croyait pas si bien dire. Deux ans plus tôt, quelques semaines après le départ quasi simultané d'Éric et d'Alex au Cameroun, ce dernier était revenu à Paris pour quelques heures. Il m'avait donné rendez-vous dans le café où nous avions nos habitudes. Après un long silence, il avait fini par sourire et me dire :

- « Viens avec moi…

- Tu as décidé de partir et de me quitter… lui avais-je répondu.

- Oui… Mais je ne veux pas te perdre. Princesse, tu as mon âme et où que je sois, pour toujours tu m'as entre tes mains et tu le sais. »

Mon cœur pleurait. La séparation avait laissé des traces. Mais je faisais la femme forte.

- « Tu t'es choisi toi au détriment de « nous ». Tu as choisi ton business. Dis-moi, si tu commences à te choisir quand je suis jeune et belle, qu'en sera-t-il lorsque je serai vieille et fripée, serai-je un porte manteau dans ta vie ? Tu as détruit notre bulle sans me demander mon avis, sans chercher de solution, sans m'écouter... Une relation comme celle-ci crois-tu qu'elle se présente tous les jours ? Non. Et tout ça, pour quoi ? Du business ? De l'argent ? Être le gentil garçon obéissant à sa maman ou le grand-frère chéri influencé par sa petite sœur ? Redevenir le flambeur qui arrose tout le monde de ses billets en boîte de nuit ? Je ne veux pas savoir. Tu devras vivre avec ta décision toute ta vie. »

Il s'était pris le visage entre les mains. Pour changer de sujet, après un long silence, il m'avait demandé des nouvelles d'Éric, dont je lui avais parlé – on se racontait tout. Il m'avoua alors avoir fait un cauchemar dans lequel Éric m'épousait. Un vrai prophète...

Retour à l'interrogatoire du commissaire en chef.

- « Peut être qu'il est "revenu", dis-je. Mais il y a des femmes qui n'acceptent pas d'être traitées ainsi. J'en fais partie.

- Hum hum... Mais tu comprends que c'est quand même bizarre non ? Tu le quittes parce qu'il veut revenir au Cameroun, ton propre pays d'origine où vivent tes parents, ton oncle et ta tante qui t'ont élevée, mais tu épouses un blanc et tu suis le blanc. Il a dû être furieux, non ? persista-t-il.

- Alex m'a quittée pour son business. J'ai épousé Éric de Putter, une personne qui m'aimait sans condition - et réciproquement. Je l'ai rejoint au Cameroun pour une durée limitée dans le temps. Et maintenant, il a été tué trois semaines avant notre retour en France. Je suis enceinte et je ne sais pas ce que je vais dire à notre enfant à propos de ce pays.

- Ah ! Tu es enceinte ? demanda-t-il surpris.

- Oui.

- Combien de mois ?

- Quatre.

- As-tu un suivi dans un hôpital ou dans une clinique ? poursuivit-il de sa voix toujours très douce.

- Si la question est de savoir si je peux vous fournir des preuves de ma grossesse, la réponse est affirmative.

- Hum... Ma fille, es-tu toujours contact avec Alex ?

- Oui.

- Ah ! Vous êtes-vous revus depuis ? s'exclama-t-il croyant avoir trouvé la question qui conforterait sa piste infondée.

- Non.

Déçu de cette réponse, il ne lâcha rien :

- Vous êtes-vous parlé récemment ?

- Oui.

Ses yeux brillaient.

- C'était quand ? Qui a émis l'appel ? Quel était l'objet de votre conversation ? Combien de temps cela a-t-il duré ? Il enchaîna les questions sur un ton lapidaire.

- Il m'a appelée il y a environ deux semaines. J'ignore à quel sujet car à peine avais-je décroché qu'il avait dû raccrocher. Il avait promis de me rappeler plus tard. Il n'a pas rappelé. Moi non plus.

- Vous vous appeliez souvent ?

- Toutes les cinq ou six semaines.

- Hummmmm C'est récurrent pour des ex, non… Ton mari était-il au courant ?

- Oui. Alex était mon meilleur ami avant que nous ne soyons en couple. Le fait de ne plus être dans une relation amoureuse ne nous empêche pas de nous soucier l'un de l'autre. D'ailleurs, il a refait sa vie et il est très heureux. Je m'en réjouis sincèrement pour lui.

- Moi je dis toujours à mes enfants que quand c'est fini c'est fini. Il faudra apprendre cela… hein ma fille ?

- …..

- Hmmmm donc tu disais que vous ne vous êtes jamais revus depuis que tu es au Cameroun ? Jamais ? Même pas pour prendre un café entre « amis » ? »

Cela faisait plus de deux heures que je parlais d'Alex alors que ton papa avait été tué. C'était ubuesque. Sous ses sourires et ses expressions paternalistes, le commissaire-chef avait une piste et une théorie qu'il n'allait pas lâcher de sitôt. Pendant ce temps, ma tante restait silencieuse et de temps en temps m'encourageait en me pressant le bras ou en me proposant de l'eau.

- « Bon alors, ma fille, tu penses que c'est lui qui a pu tuer ou faire tuer ton mari ? Par jalousie ? Peut-être qu'il veut te récupérer ? Après tout, comme tu dis, c'était ton meilleur ami et peut-être qu'il ne t'a jamais oubliée…

Si je n'ai pas fait de crise cardiaque à ce moment-là, j'imagine que je mourrai d'autre chose.

- Je ne sais pas qui a tué Éric. Ni pourquoi.

- Cela pourrait-il être Alex ?

- C'est à vous de me dire qui a tué mon époux. Tout ce que je peux faire, c'est répondre à vos questions et vous dire tout ce que je sais le plus honnêtement possible. C'est ce que je fais. »

Pour la première fois, il se tut. Sans délaisser son sourire, il me fit remarquer qu'il était bientôt midi et qu'il fallait peut-être que j'aille déjeuner, surtout que je devais « nourrir deux bouches ». En réalité, il voulait faire vérifier mes propos avant de revenir à la charge. Il demanda aussi tous les documents relatifs à ma grossesse, ainsi que le nom du médecin qui me suivait. Ce n'était pas une suggestion, c'était un ordre.

La pause fut de courte durée mais j'eus le temps de récupérer mon dossier médical et de prendre rendez-vous pour une échographie le lendemain. Après tous ces chocs, je m'inquiétais pour toi. Je ne te sentais pas bouger. Je me demandais si de battre ton cœur s'était arrêté.

C'est avec cette crainte que je répondis tout l'après-midi aux questions du commissaire-chef.

J'étais éreintée. Et il fallait encore passer à l'Ambassade de France, qui avait cherché désespérément à me joindre. Le chauffeur nous déposa devant les bâtiments imposants du Plateau Atémengue. Je descendis seule. A la porte, je reconnus le fameux gardien malpoli qui me faisait toujours comprendre qu'à ses yeux, parce que j'étais noire, je n'étais pas vraiment française. Éric, lui, pouvait se présenter sans aucun document d'identité et entrer comme le Roi Soleil. Ce jour-là, les ordres devaient venir d'en haut. Ma carte d'identité ainsi que mon passeport m'avaient été confisqués par la police camerounaise. Et pourtant, il me laissa entrer sans poser de questions. Il devait tenir à son poste.

Je fus accueillie par la Consule, une femme charmante. Dans son bureau, elle me présenta ses condoléances, s'inquiéta de mon état de santé et m'informa de la course d'obstacles administratifs qui m'attendait. Il fallait notamment établir le certificat de décès français de ton papa. Pour cela, ils avaient besoin d'une attestation locale ainsi que d'un justificatif de la morgue. En plus de subir la mort d'Éric, il allait me falloir apporter la preuve de son décès. Le cortège des étonnements n'était pas près de s'arrêter. Après un échange qui dura une quinzaine de minutes, elle m'accompagna dans le bureau du lieutenant-colonel de l'Ambassade. Je le reconnus immédiatement. Il était à la morgue dimanche soir et à la reconstitution lundi matin. Aujourd'hui, il portait un uniforme. Il avait l'œil vif. Il me posa des questions sur notre rencontre, sur notre vie sur le campus, sur le déroulement de la journée du 8 juillet. Il prenait des notes sans jamais me quitter des yeux. L'entretien avait déjà duré au moins une heure quand il me dit :

- « Vous seriez enceinte, est-ce exact ? »

J'avais arrêté de me demander comment les gens savaient des choses que je ne leur avais pas – encore - dites. Je lui donnai les mêmes indications qu'au commissaire-chef. Il me cuisina aussi sur Alex, la fin de notre relation, un amant potentiel… J'avais l'impression que j'allais devoir me répéter.

- « À votre connaissance, votre mari avait-il une maîtresse ? demanda-t-il.

C'était la première fois que la question était posée dans ce sens. Sans que cela ne me rassure pour autant, il y avait au moins un changement de perspective.

- J'espère bien que non !

- Sinon… ?

- Bah … Je me serais barrée.

- Madame de Putter, avez-vous porté plainte pour la mort de votre mari ?

- Oui. Si ce n'est pour porter plainte, qu'est-ce que je fais depuis toutes ces heures au commissariat de police ? »

Le Lieutenant ne répondit pas, mais sa question allait me troubler toute la nuit et le lendemain, à peine arrivée au commissariat, j'allais m'assurer de signer tous les documents nécessaires pour établir formellement cette plainte contre X.

La question suivante du Colonel allait porter sur le moment précis de l'assassinat. Il avait assisté à la reconstitution et avait connaissance du déroulé des événements : j'entends le cri d'Éric alors que je suis encore à table, je crois qu'il s'agit d'une nouvelle crise de tétanie et je me lève pour lui porter secours. En m'approchant du bureau dont il a ouvert la porte extérieure, j'entends des pas, de l'agitation, sa voix qui dit calmement « pourquoi voulez-vous me faire du mal ? ». Je comprends qu'il s'agit d'une agression, peut-être un braquage. Je fais immédiatement demi-tour, pour la protéger, j'emmène Hope par la porte de la cuisine, je la confie à Victoire, l'épouse du Secrétaire Général, en donnant l'alerte, et je retourne à la porte du bureau par l'extérieur de la maison, sans croiser les agresseurs qui ont déjà pris la fuite. C'est là que je trouve Éric, dans une mare de sang, à deux mètres de la porte.

- « Madame de Putter, dit le Colonel, pouvez-vous me dire comment vous avez fait pour sortir appeler à l'aide au lieu de vous précipiter vers le danger ? Comment avez-vous pu avoir la réaction qui sauva votre vie et celle de votre enfant ? Ce n'est pas du tout commun… »

Ici, ce n'était pas une plaisanterie. Les questions n'étaient ni redondantes ni faussement légères. Je le regardai droit dans les yeux :

- « Diplômée en sciences politiques, je suis passionnée par les questions de sécurité et défense ; sujets qui étaient au cœur de la spécialité de mon master en « études stratégiques ». Je suis passée par l'Institut des Hautes Etudes de Défense Nationale (IHEDN). Au sein de l'ONG où j'ai rencontré Éric, à mon arrivée, il n'y avait pas de protocole de sécurité pour les volontaires qui, pourtant, sont nombreux à partir chaque année. J'avais proposé et mis en place l'ensemble des procédures de sécurité. J'ai formé des dizaines de volontaires aux questions de sécurité et j'ai géré différentes crises. Comment je sais qu'en cas d'éclatement d'une mine au lieu de se précipiter vers la détonation il vaut mieux aller chercher des secours ? Comment ai-je pu adopter le réflexe qui sauve ? Je me suis appliquée mon propre protocole de sécurité.

La Consule qui écoutait jusque-là sans sourciller dit « Vous êtes une femme incroyable !! » Le lieutenant ne fit aucun commentaire.

- « Vous êtes logée dans un hôtel mais vous savez qu'en tant que citoyenne française, vous avez une place ici. Souhaitez-vous rester à l'Ambassade ou rentrer à l'hôtel ?

- Je rentre à l'hôtel.

- Très bien, dit-il en levant. Avant votre départ, Monsieur L'Ambassadeur souhaiterait vous rencontrer. Je vais vous conduire à la Résidence. »

Nous traversâmes différentes pièces élégamment décorées et arrivâmes à la Résidence de l'Ambassadeur. On m'installa dans un canapé confortable. Je repensais au jour où tous les volontaires français au Cameroun avaient été invités par l'Ambassadeur pour un déjeuner. Ton papa ne voulait pas y aller sans moi et s'était plaint auprès des organisateurs. Mais, je l'avais encouragé à honorer l'invitation et à « bien profiter du champagne ». En repensant à cela et notre fou rire, des larmes se mirent à couler. À son retour, Eric était plutôt content de sa journée car il avait pu parler avec l'Ambassadeur qu'il avait « coincé » devant le buffet. Nicolas Sarkozy était encore Président de la République. Son fameux discours de Dakar continuait de faire des vagues. Sur le campus, ton papa devait s'expliquer auprès de différents interlocuteurs qui le prenaient à partie et voulaient connaître sa position sur cette « déclaration de la France » qui était pourtant à l'opposé de ses convictions humaines et politiques. A l'Ambassadeur, il avait demandé à brûle-pourpoint :

- « Que pensez-vous du discours de Dakar ? Savez-vous que ce genre de propos peuvent avoir des conséquences graves pour nous autres sur le terrain ? A votre avis, que devons-nous répondre dans ces cas-là ? »

Je m'étais tendrement moquée en lui disant qu'il y a sans doute des sujets plus intéressants à aborder avec un Ambassadeur. Et voici que j'étais là, devant lui, noyée dans un flot de larmes. L'Ambassadeur ne trouvait pas les mots pour me réconforter. Et moi je me sentais ridicule mais je n'arrivais pas à m'arrêter. Il finit par me donner toute la boîte de mouchoirs. Il m'assura du soutien de la France. Je finis par retrouver un semblant de calme et pus répondre à ses questions. Il me proposa à son tour de rester à l'Ambassade. Je déclinai. En me raccompagnant, la Consule qui était venue m'escorter me redit leur soutien. Elle voulut savoir si j'avais vu un psychologue depuis le meurtre d'Éric et si je souhaitais en voir un. J'acceptai volontiers et je la remerciai vivement. Elle s'engagea à me prendre un rendez-vous pour le lendemain.

Je savais que je me dirigeais vers une troisième nuit sans sommeil. J'avais besoin de silence et j'appréhendais de revoir les membres de ma petite organisation familiale qui m'attendaient avec un dîner que je ne mangerais pas, leurs yeux pleins d'une pitié dont je ne voulais pas. Et pourtant, c'était pour rester avec eux que j'avais refusé la proposition de rester à l'Ambassade. Ma famille, avant tout.

Troisième jour au commissariat. Retour dans le petit bureau du premier jour, même chaise, même officier. Après avoir passé au microscope ma vie personnelle et notre vie de couple, les questions portaient sur l'UPAC. Les rapports d'Éric avec ses collègues, ses étudiants, les visiteurs, la vie sur le campus. Comme les deux premiers jours, je ne pouvais dire que ce que je savais. Les enquêteurs semblaient avoir trouvé des documents lors d'une fouille de la maison. L'officier m'interrogeait en particulier sur une affaire de thèse, qui avait créé tant de remous. C'était l'œuvre d'un étudiant centrafricain doté d'appuis hauts placés qui espérait obtenir le grade tant espéré de « docteur » dès l'année précédente. Or, Éric avait ajourné ses joies en qualifiant son travail de médiocre. Neuf mois plus tard, l'étudiant, se représenta, avec l'accord de certains membres du collège doctoral. Après de longues discussions, Éric et sa collègue Priscille, avaient été chargés de relire le travail et de donner leur verdict. Le soir-même, il avait terminé la lecture de la nouvelle version. On était la dernière semaine de juin. Lorsqu'il vint se coucher, son rapport était fait et envoyé à sa collègue avec son verdict : il dénonçait des passages copiés-collés, des lacunes importantes, et qualifiait le travail d'indigne de l'éthique protestante et de la rigueur universitaire. Il concluait en demandant l'exclusion de l'étudiant. Ce rapport devait être exposé lundi 9 juillet au Conseil d'Études Doctorales de la Faculté de Théologie, qui devait trancher le cas de cet étudiant. Ton papa a été tué la veille.

- « Et vous, qu'en pensiez-vous ? me demanda l'officier

- Cet étudiant et sa thèse n'étaient pas dans mes préoccupations. Quand Éric était rentré furieux après le conseil de juin où il avait découvert que des collègues voulaient valider d'emblée un travail qui, selon lui, ne méritait même pas un niveau licence, je m'étais tout simplement moqué de lui. J'espérais qu'il en reste là. Mais il était trop rigoureux et entêté. Pour moi, c'était une perte de temps et d'énergie de relire ce travail et de s'y opposer alors qu'on partait ; et que dès qu'il serait parti, les magouilles se poursuivraient. Cet étudiant, avec ou sans lui, trouverait le moyen d'obtenir le titre pompeux de « révérend docteur professeur ».

L'officier ne dit rien. Comme d'habitude, il prenait des notes.

- De quelles magouilles parlez-vous ? Avez-vous été témoin de l'une d'entre elles ?

- Nous recevions des étudiants qui se plaignaient. Vous savez que je travaillais pour l'institution protestante qui a envoyé Éric au Cameroun. Lors d'un échange avec un étudiant qui sollicitait une bourse pour aller en France, il nous avait fait part de la situation suivante : pour obtenir une bourse des bailleurs de fonds occidentaux, en plus de relevé de notes dont on sait qu'ils peuvent être frauduleux, il faut des recommandations de responsables locaux. Or, pour obtenir ces recommandations, il faut souvent payer. Quand on est une femme, on peut payer « en nature », selon ses dires. A qui la faute ? A celui qui demande les garanties pour être "sûr" de l'étudiant ? A l'étudiant qui paye pour les obtenir ? A celui qui demande à être payé pour les donner ?

- A votre avis… ?

- La corruption ne peut fonctionner que parce qu'il y a des corrompus et des corrupteurs.

Ce système “perdant-perdant” est biaisé au Nord comme au Sud.

- Aviez-vous déjà rencontré cet étudiant, M. Ngambi ? Le connaissiez-vous ?

- Je n’ai fait qu’entendre parler de lui mais je ne le connais pas.

- Si vous le voyiez dans la rue pourriez-vous le reconnaître ?

- Non.

- Pensez-vous qu’il aurait pu avoir des raisons de tuer votre mari ?

- Je ne sais pas qui a tué Éric... Mais, franchement, on tue les gens pour des thèses ?! »

Pour la première fois, j’obtins une réponse. Détaché et le regard dur, il dit :

- « On tue les gens tous les jours pour moins que ça.

- ……

- Il paraît qu’il y avait eu une vive altercation entre le doyen et votre mari… reprit- il

- Oui… C’était grave et particulièrement tendu.

- Que savez-vous ?

- En l’absence de Priscille, Éric avait été choisi par le collège des enseignants pour être responsable de la session d’examens. Avant d'accepter ce rôle qui n'était pas le sien, il avait demandé et obtenu l'accord du Défap. Afin de faire au mieux la mission qui lui avait été assignée, il s'était fait procurer le règlement intérieur relatif à l'organisation des examens. Ce document avait été établi et voté avant son arrivée par la direction de l'Université. Il s'y était tenu comme un moine à sa bible. Le problème c'est que de nombreux étudiants avaient des privilèges qui les plaçaient au-dessus de ce règlement. Cela donna lieu à plusieurs tensions. Les uns n'étaient pas à jour du paiement de leurs droits d'inscription mais obtenaient de multiples dérogations des responsables de l'Université ; les autres n'avaient pas le nombre requis de présences aux cours mais du fait de leur nom, de leur rang social ou de leur titre, s'arrogeaient le droit d'être admis. Il y a aussi des étudiantes qui n'avaient pas rempli leur copie en salle d'examen mais dans le bureau de certains responsables, et leurs excellentes notes se retrouvaient directement dictées aux professeurs. Dans tous les cas, il y a eu beaucoup de problèmes. Éric a démissionné après avoir rendu un rapport volontairement succinct et non nominatif sur ces dérives. Cela donna lieu à une crise sans précédent. Le doyen avait prononcé des menaces publiques contre mon époux. A partir de ce moment, personne ou presque ne nous adressait plus la parole. Un étudiant nous avait même dit que « avec tout ce qui se dit actuellement sur le campus, c'est dangereux de vous fréquenter ». Un autre professeur rencontré en dehors du campus aurait dit à Éric « mon petit, il faut faire attention... »

- Aviez-vous peur ?

- Oui.

- Pourquoi n'êtes-vous pas allés à la police ?

- Ma maman nous avait proposé une garde à domicile, mais Éric avait refusé.

- Qu'avez-vous fait ?

- J'ai tout fait pour qu'on parte de là, le plus vite possible. Mais Éric ne voulait pas « abandonner » ses étudiants avant la fin de l'année, notamment un étudiant congolais brillant et dont il était le directeur de thèse. S'il partait, l'étudiant ne pourrait pas valider son année, or c'était sa dernière année de bourse ; il était marié et père de deux enfants. Il n'avait pas les moyens de se payer le luxe de redoubler. Alors notre accord fut de partir le lendemain de cette soutenance. Tout ça est arrivé, parce qu'il a été loyal et fidèle à ses engagements... la morale protestante rigoriste, elle nous a mené où…? »

Je n'avais pas conscience de parler à voix haute. Une forme de colère jamais exprimée depuis la mort d'Éric montait peu à peu.

- « Madame, pensez-vous que ce soit le doyen qui a tué votre mari ?

- Je ne sais pas qui a tué Éric. Ni pourquoi.

- Madame, à votre avis, à qui profite la mort de votre mari ?

J'éclatai dans un sanglot interminable. Il me fallut plusieurs minutes pour me calmer.

- Je n'arrive toujours pas à croire ni à comprendre tout ce qui se passe. Je ne peux et je n'ose imaginer que la mort d'Éric profite à qui que ce soit. Je n'arrive pas à comprendre qu'une personne qu'on connaissait a toqué à la porte, que Éric lui a ouvert et que l'instant d'après il était mort. Pour une thèse, pour des histoires de corruption ou pour toute autre chose, il n'y aura jamais aucune raison qui m'explique qu'on en vienne à tuer. P***** on partait ! On quittait ce pays ! Alors pourquoi l'avoir tué ? De toutes les façons, tout ce système va lui survivre. Je ne sais pas qui a tué Éric, ni pourquoi. Ce qui est évident, c'est qu'il y a une haine féroce que je ne m'explique pas. Ils vont continuer leur système de corruption, l'étudiant va de toute façon obtenir sa thèse, le Défap et les Églises de France vont continuer à soutenir financièrement cette Université et son système pourri, ils vont tous continuer à vivre leurs vies, peinards alors que je suis désormais dans une galère pas possible avec notre bébé. J'ignore qui avait quoi que ce soit à gagner, mais je sais qui a le plus à perdre : notre bébé qui ne connaîtra jamais la personne extraordinaire qu'était son père. »

Je parlais de façon vive et agitée. Je commençais à ressentir les effets de plusieurs jours sans sommeil. Je pensai à toi et je demandai à l'officier si je pourrais me rendre à mes rendez-vous avec la psychologue et avec l'échographe. Il était plus intéressé par celui avec l'échographe et me demanda de ramener une copie des résultats, pour « la verser au dossier ».

Aimée Christelle et ma cousine m'accompagnèrent dans une clinique très chic de la capitale. J'ignorais qu'un tel lieu existait à Yaoundé et je repensai à Ashrey.

Le cabinet était particulièrement luxueux et je m'inquiétais des tarifs, car mes moyens étaient limités et l'avenir incertain. Quand l'infirmière vint me chercher, j'insistai pour y aller seule. Je refusai de vivre ce moment avec qui que ce soit. C'était la première fois que j'allais voir et écouter ton cœur depuis la mort de ton papa. Je voulais être seule à affronter l'éventualité d'un cœur qui aurait peut-être cessé de battre.

Quand le médecin arriva, je vis dans son regard qu'il savait qui j'étais. « C'est vous la femme du Blanc qui avait été tué à l'Université protestante, *là* ? » J'acquiesçai. Il s'étonna qu'il ne fût mentionné nulle part, dans les articles ou sur les réseaux sociaux, que j'étais enceinte. Je le regardais en silence. J'étais très inquiète mais je ne pleurais pas. Il alluma son appareil, étala le gel sur mon ventre et le contrôle commença. Mes yeux ne quittaient pas l'écran. Soudain, le bruit se fit entendre. Ton petit cœur battait, et il battait même très fort. Je pleurais de joie. Je ne voulais plus quitter ce petit lit étroit. Je me disais qu'il y avait un être qui vivait en moi alors que la mort et le chaos nous encerclaient. Le médecin me demanda si je voulais qu'on détermine ton sexe. Ton papa et moi ne voulions pas savoir. Alors, je refusai. Mais, pour la première fois, je savais que j'avais une préférence. Je voulais que tu sois une fille, pour que tu sois libre d'être toi et pour que personne ne puisse projeter ton illustre père sur ta personne. Le soulagement fut collectif et la nouvelle se répandit dans les deux familles : « le bébé va bien ». À partir de là, sans qu'ils ne s'en rendirent compte, ils me traitèrent tous comme une mère porteuse qui devait survivre seulement pour délivrer le précieux et unique enfant d'Éric de Putter.

La psychologue était une jeune trentenaire, brune, petite, et au regard vif. Elle me proposa de choisir, son bureau ou le jardin. Nous nous installâmes l'une en face de l'autre dans la cour fleurie. Elle voulut savoir si je trouvais facilement le sommeil. Je lui avouai que je n'avais pas dormi du tout depuis l'assassinat d'Éric.

- « Vous avez subi un choc traumatique important et votre cerveau est en hyper vigilance » dit-elle.

C'était la première fois que j'entendais une forme de reconnaissance de ma situation. Notre échange fut ponctué de longs silences. Cela m'apaisa. Elle me proposa de faire un exercice pour me détendre.

- « Pensez à un lieu où vous vous sentez bien… me propose-t-elle en me suggérant la plage et le bruit des vagues.

- …. En fait, il y a un seul endroit au monde où je me sens bien et connectée à moi, et c'est très loin de la plage. C'est la place Saint-Sulpice, devant la fontaine, en face de l'Église. »

Elle ne put réprimer un sourire. Et moi aussi. La connexion fonctionnait. La séance dura deux heures. Avant de partir, elle me proposa de revenir la voir quand je voulais et me donna l'adresse du seul centre dédié au suivi du psycho traumatisme à Paris.

De retour au commissariat, au lieu de poursuivre la conversation dans son bureau, l'officier me fit passer devant des cellules surchargées avant de m'inviter à patienter devant le bureau de son chef. Il demanda à tous ceux qui m'accompagnaient de rester à l'extérieur. Il était 17h. J'étais épuisée par cette journée et par toutes les émotions vécues. Un monsieur était assis à côté de moi. Je le regardai à peine. De temps à autre, je surprenais son regard posé sur moi, je n'y faisais pas attention. L'officier faisait des va-et-vient entre le bureau du commissaire-chef et le sien. Finalement, après une heure, il revint vers nous et dit :

- « Monsieur Ngambi, suivez-moi s'il-vous-plaît. »

Je ne pus réprimer un vif recul. C'était l'étudiant de la thèse critiquée par Éric. Je regardais l'officier « Pourquoi me faites-vous cela ? » lui disaient mes yeux, mais il détourna son regard et introduisit l'étudiant dans son bureau. J'étais sous le choc et mon geste fut de toucher mon ventre : « tenons bon, tenons bon », murmurai-je. C'était une mascarade. Ils voulaient vérifier mes propos et savoir si je connaissais l'étudiant ou pas. Il se passait des choses graves. Une dame en civil sortit du bureau du commissaire-chef et m'invita à y entrer. Je ne saurai jamais qui elle était ni quel était son rôle dans l'enquête. Le commissaire-chef me salua avec l'enthousiasme feint que je connaissais déjà. Le fauve me scrutait. Une fois rassasié d'informations concernant la santé du bébé, il me demanda l'air de rien si Éric était le père de l'enfant. Je soutins son regard.

- « Il est vrai que je m'appelle Marie et qu'il n'est pas impossible que des miracles se produisent à nouveau deux millénaires après. Mais, de toutes les façons, comme vous le savez, tout enfant né dans le mariage est réputé être le fils/la fille du mari. »

Je le défiai volontairement. J'étais en colère. Lui souriait en disant « Ah les Bassa ! Toujours avec leur timbre à la main ! » Sur ces propos, je découvrais le visage du doyen de la faculté qui encadrait la porte. Il fut invité à s'asseoir en face de moi.

Je croyais avoir vécu un choc en découvrant l'identité de l'inconnu à côté de moi dans la salle d'attente. Mais, l'inconvénient d'une mauvaise situation, c'est qu'elle peut continuer de s'aggraver. Je compris que le cirque ne faisait que commencer. Le maître dresseur venait à peine de lâcher les fauves.

J'étais contrainte d'écouter les balivernes de cette personne qui avait menacé Eric et qui m'inspirait une profonde révulsion. Il m'était interdit d'intervenir, sauf pour m'adresser au Commissaire-Chef. Or celui-ci, à part observer mes réactions en biais, ne m'accordait aucune attention. Cela dura deux heures. J'étais vidée, je fis une chute de tension. On me proposa de l'eau puis je fus invitée à revenir le lendemain matin, à la même heure.

De retour à l'hôtel, je demandai et obtins le silence. Et, pour la première fois depuis la mort d'Éric, après 72h d'éveil, de violence, de peurs et de pleurs, je m'endormis.

Tout alla très vite. Les confrontations se multipliaient et l'histoire commença à prendre forme. Les contradictions apparaissaient. Les langues se déliaient. L'étudiant à la thèse et le doyen furent arrêtés et on découvrit à qui Éric avait ouvert la porte dimanche soir à 19h30 : Robert. Celui-ci finit par avouer que la jalousie l'avait rongé et qu'il avait accepté de s'impliquer dans le vaste complot qui mènera à l'assassinat d'Éric par des professionnels recrutés en

Centrafrique. Les complices furent identifiés et jugés : l'étudiant-à-la-thèse, le doyen, Robert, le secrétaire général qui voulait devenir recteur. Un concours de circonstances avait permis à ces monstres de parvenir à mettre fin à la vie d'Éric, alors même que certains, en public, prétendaient l'admirer profondément. A mon réveil, je mis du temps à comprendre que tout ceci n'était qu'un rêve. Les meurtriers couraient toujours. La justice n'avait pas été rendue à ton papa - et n'était pas près de l'être. En me préparant pour aller au commissariat, je repensai à cette phrase de Gandhi que j'aimais citer : *« rappelez-vous qu'à travers l'histoire, il y a eu des tyrans et des meurtriers qui pour un temps semblaient invincibles. Mais à la fin, ils sont toujours tombés. Toujours. »*

# Chapitre Sept : Il est mort, le divin Éric

"……"

Aujourd'hui, j'ai revu ton papa. Il ne ressuscitera pas. Il est vraiment mort. Ses yeux bleus dont les paupières sont devenues violacées ne se sont pas rouverts. Il ne m'a pas prise dans ses bras pour me dire que « tout ira bien ». Dans cette pièce froide et métallique qui servait à conserver son corps, j'ai été autorisée par la très puissante morguière à rester seule avec lui, mais je n'ai pas été autorisée à le toucher. Il était là, plus maigre que jamais. La mort n'est pas belle. Sa permanence lui enlève le charme des mystères du lendemain. Cet Éric qui est mort n'est pas celui que j'ai connu et que j'ai aimé. Cet Éric n'a plus d'âme. Ils ont balancé son corps sans vie dans une caisse en bois qu'ils ont aussitôt refermée devant témoins. J'avais réussi à interdire aux loups de cette université que tout mon être maudissait d'assister à la mise en bière, mais la présence d'officiels de l'Ambassade de France et de la police camerounaise était obligatoire. Certains membres de ma famille étaient là. Ils assistèrent médusés au naufrage de ce qui me restait de dignité. Car ta maman est devenue folle.

Alors que le cortège avançait lentement vers la morgue, quelque chose en moi voulut croire qu'il était possible que ton papa soit vivant. Après tout, on pouvait bénéficier une fois dans sa vie d'événements exceptionnels. Malgré tous ces interrogatoires, les articles de presse camerounais restaient ignobles et mensongers à mon égard. Ils entretenaient la rumeur d'un crime passionnel de la part d'une jeune Camerounaise cherchant à capter la fortune d'un Blanc. Au milieu des pleurs de ma famille et de la sienne, avec ce qui me restait de rationalité, moi, Marie-Alix, la plus pragmatique des personnes que la terre ait portées, je ne croyais toujours pas à la mort de ton papa. Comme toujours, dans ces cas-là, j'appelais la seule personne qui ne prendrait pas des gants pour me dire le réel : Marc Frédéric Muller, mon ancien responsable au Défap, disponible pour moi à toute heure :

- « Allô Marc… c'est aujourd'hui la mise en bière...

- Oui, Marie-Alix, je le sais.

- Tu sais, je me trouve bête. Je ne peux pas croire qu'Éric ne soit plus là… C'est impossible ! En fait, tout ça ne peut pas être vrai !

- …..

- Dis Marc, N'est-il pas vrai que tout est possible ? Crois-tu qu'il va se réveiller ?

- Non, Marie-Alix. Éric est mort et il ne va pas se réveiller, dit-il le plus affectueusement possible.

- …. Alors tout est vraiment fini ? Terminé ? Marc… ce n'est pas possible ! Comment vais-je faire ? Marc, comment.je.vais.faire ? »

Il ne dira plus rien et se contentera de m'écouter. Peut-être comme Celui là-haut qui se faisait appeler Dieu et qui depuis longtemps ne me répondait plus.

« Que vais-je dire à sa mère ? » Cette question qui ne me quittait plus depuis plusieurs jours s'imposa à nouveau à moi tandis que l'avion d'Air France quittait Yaoundé ce 21 juillet 2012 à destination de Paris. Les hôtesses énonçaient les consignes de sécurité. Ton grand-père, mon papa de cœur, me surveillait en redoutant une crise. A travers le hublot, la ville aux sept collines s'éloignait peu à peu.

Le personnel de bord ne manquait pas d'attention à mon égard. Je n'avais ni faim ni soif. Mon cœur était vide. Mon esprit était torturé par une série d'images qui m'envahissaient, et par des sons qui me tétanisaient. Je n'arrêtais pas de parler à voix haute « *Éric est dans une caisse sous mes pieds, mon Dieu que vais-je dire à sa mère ?* ». Je nous revoyais la veille de mon départ pour le Cameroun. Oma, ta grand-mère, était une femme pleine de vie même si souvent elle n'osait pas exprimer ses sentiments. Nous avions en commun d'aimer les voyages, la découverte, la lecture, l'engagement pour un monde plus juste (elle est membre depuis plusieurs années de l'Association des Chrétiens pour l'Abolition de la Torture –ACAT-) et bien sûr, Éric. Nous nous étions tout de suite bien entendues, dès ce jour ensoleillé d'avril 2011. J'étais allée faire leur connaissance à Fourmies, près de la frontière belge, elle était venue me chercher à la gare. Ton père était déjà à Yaoundé.

Éric était officiellement célibataire. Sa vie sentimentale était un mystère pour sa famille. Ses parents désespéraient de le voir fonder une famille alors que ses deux frères, dont son jumeau, étaient mariés et pères de famille depuis longtemps. Alors, ce fut un événement quand il leur annonça qu'il était en couple. Immédiatement, Oma lui avait demandé très sérieusement « alors, c'est pour quand le mariage ? » Elle savait que s'il lui parlait de moi, c'était sérieux pour lui. « Très bientôt » aurait-il répondu. Cela pouvait laisser croire qu'il avait préparé et soigné sa demande en mariage : il n'en était rien. Ton papa ne m'a jamais officiellement demandé ma main. Il n'y avait eu ni les fleurs, ni la bague, ni la déclaration d'amour romantique. J'ignore encore comment nous en sommes arrivés là, mais la réponse était oui, évidemment !

Pour faire la connaissance de cette famille qui allait devenir un peu la mienne, j'y étais donc allée seule. Ton papa, très taquin, m'avait conseillé d'être outrageusement moi-même : « surtout n'oublie pas le rouge à lèvre rouge et le vernis à ongle assorti ! » s'était-il moqué. « Ceci dit, à ta place, je ne mettrais pas de talons aiguilles. Avec la balade dans la forêt qu'ils vont sans doute te proposer, cela ne t'amusera pas. Mais bon, avec toutes les paires de chaussures que tu as, je suis certain que tu trouveras de quoi faire ! Dans tous les cas, sois toi-même. Tu le sais, mais je vais le dire quand même : j'aimerais beaucoup être là, que tout se passe bien, et que le courant passe bien entre vous. Mais, ma chérie, n'oublie pas que je t'aime. Mon amour pour toi est sans condition. Cette rencontre n'est pas un test à réussir, juste un bon moment à vivre. Rien, ni personne, ne m'empêchera de t'aimer et de nous vivre » avait-il conclu. J'avais suivi ses conseils à la lettre : le vernis était bien rouge, les lèvres aussi. Une Parisienne soignée à la campagne, dans une famille où les femmes ne portent ni l'un ni l'autre. Et pourtant, cela ne m'avait pas empêché d'avoir un coup de cœur pour eux, en particulier pour sa mère, Oma. La veille de mon départ pour le Cameroun, nous étions allées dîner en tête-à-tête après une séance de lèche-vitrine pleine de fous rires. J'allais rejoindre son fils bien-aimé dans ce pays qui m'avait vu grandir. Nous nous amusions du fait que ce ne fut pas le contraire. Nous ne nous connaissions que depuis quelques mois, mais nous avions hâte de nous retrouver, et d'apprendre à mieux nous connaître. Aujourd'hui, le drame avait écrasé les rires. Les joyeuses moqueries avaient un goût de cendre. Je rentrais à Paris, veuve, enceinte de toi, traumatisée, avec le corps d'Éric, cet homme épris de Liberté, enfermé dans un cercueil bon marché que l'assurance rapatriement avait imposé, lui-même enfermé dans une vilaine caisse en bois.

Je secouai la tête pour rejeter tous les souvenirs qui remontaient. Je revoyais le chemin de croix administratif qu'il avait fallu suivre pour permettre ce retour.

Pour obtenir un certificat de décès à Yaoundé en 2012, il fallait se rendre dans la mairie de l'arrondissement où était survenu le décès. Dans notre cas, il s'agissait de celle d'Elig-Essono, un des quartiers habités par la classe moyenne. On m'indiqua la direction du bureau d'état civil. C'était un petit coin aménagé dans un espace mutualisé avec ce qui servait de salle de mariage. La fonctionnaire qui m'accueillit ne s'occupait que des « naissances ». Elle me demanda de m'assoir et de patienter jusqu'au retour de son collègue en charge des « décès ». J'assistai en larmes à deux mariages où les époux se juraient de s'aimer jusqu'à ce que la mort les sépare. Le début de la troisième célébration coïncida avec l'arrivée de l'officier que j'attendais. Il me regarda des pieds à la tête en me demandant si j'étais « la femme du blanc qu'on avait tué à l'Université *là* ». Mes yeux et mes larmes lui répondirent. En rédigeant le certificat, je l'entendais raconter à ses collègues que les nouvelles ne disaient pas que j'étais enceinte et que j'étais jeune « comme *ça* ». Ce soir-là, il ajoutera sans doute sa partition au requiem à la sortie du bureau au premier « bar-dikalo » du coin. Ah ! Il en aura à raconter, des détails !

Je dus ensuite me rendre au bureau du médecin légiste de la police pour obtenir le compte rendu de l'autopsie et l'autorisation formelle pour le corps d'Éric de quitter le territoire camerounais. Son corps ne lui appartenait plus. Ni à moi. Ni à sa famille. Il était sous la tutelle de la police et du gouvernement camerounais. Après la série d'interrogatoires intenses et quotidiens auxquels j'avais dû me plier, certains proches ainsi que les exécutifs du Défap, m'avaient suggéré de rentrer en France avant la dépouille. J'avais refusé de quitter le Cameroun sans ton papa. Cela m'était impossible. Les démarches avaient pris près de deux semaines. Tandis que je me demandais ce qui pouvait se passer avec l'âme de ton père, qui avait été anarchiste sans cesser de croire, avant de revenir à une vision moins radicale, une infirmière m'indiqua le bureau du légiste, dans le bâtiment réservé à l'administration de l'hôpital où avait été déclaré le décès. Il me fallut attendre plus de deux heures avant d'être reçue. À ma grande surprise, le légiste était plus jeune que ce que son titre morbide ne laissait présager. Il se montra cordial.

- « Madame de Putter, s'il vous plaît prenez place » dit-il. Sa voix était calme et posée.

Je m'installai sur la petite chaise en face de lui et nous nous regardâmes. Il ne disait rien. J'ignorai combien d'anges passèrent avant ses questions sur la forme physique de ton papa sur ses habitudes alimentaires et sportives. Il notait ce que je disais, hochait la tête de temps à autre, et me scrutait en silence. Quand son interrogatoire fut terminé, il me donna une enveloppe à remettre aux autorités compétentes.

- « Pouvez-vous me dire ce qui s'est passé ? lui demandais-je suppliante

- Je ne suis pas autorisé à vous donner de détails.

- Tout de même, pouvez-vous me dire si la personne qui a fait ça voulait vraiment tuer Éric ? Est-il possible que ce soit une tentative d'intimidation qui a dérapée ?

Il ne disait rien.

- Parce que quand même on ne peut pas venir tuer une personne comme ça sans motif ! On rentrait chez nous. On allait les laisser et « ils » le savaient. Alors, peut-être après les menaces verbales ont-ils voulu le menacer physiquement mais… »

Le légiste me regarda plus franchement. C'était la première fois qu'un officiel camerounais me témoignait de la compassion.

- « … Cela ne peut pas être un accident et une personne seule n'aurait pas pu le faire, me dit-il le plus lentement possible, comme pour s'assurer que l'information ait le temps de parvenir à mon esprit fragile.

Il fit une pause avant de poursuivre, lapidaire.

- C'est un travail de professionnel, d'une précision chirurgicale. Peu importe où vous auriez été dans le monde, en France, aux États-Unis, à Londres ou en Chine, et même s'il y avait une table d'opération prête immédiatement, personne n'aurait pu sauver votre mari. Il a été tué par des professionnels du crime qui étaient au moins deux - si ce n'est plus - car votre mari était en parfaite santé et assez musclé. Ces pros n'étaient pas venus le menacer. Ils sont venus et l'ont achevé méticuleusement. Vous avez de la chance de vous en être sortie vivante. Maintenant, je vous en ai trop dit. Je ne peux pas aller plus loin. Ce n'est pas autorisé. Et, dans votre état, cela nuirait à votre santé et à celle de votre bébé. »

J'avais mis les deux mains sur ma bouche pour ne pas crier. Le légiste dut me soutenir pour m'aider à sortir de son bureau et à regagner le véhicule.

Je venais de vivre deux moments éprouvants en l'espace de quelques heures et pourtant la journée était loin d'être terminée. Avant d'aller à l'Ambassade de France déposer ces documents afin que soit délivré le certificat français de décès de ton papa, j'étais tenue de passer par le commissariat de police pour remettre des copies des documents à peine obtenus. Maintenant que je connaissais les lieux par cœur et que j'étais bien connue de tout ce petit monde, je me dirigeai sans peine dans le petit bureau où j'avais passé de longues heures d'interrogatoire. L'officier me fit entrer. Il était très souriant. C'était inhabituel. Je lui remis les documents en le lui faisant remarquer.

- « Vous semblez très heureux aujourd'hui. Vous avez une bonne nouvelle à partager ? Ma question était directe, mon ton, aigre-doux.

- Vous n'aurez plus besoin de revenir ici. Notre enquête sur vous est terminée !

J'étais abasourdie. Je me dis que nous n'avions rien en commun, et certainement pas la même définition de bonne nouvelle.

- Votre enquête sur moi…? Donc pendant tout ce temps, vous enquêtiez sur moi au lieu de chercher les meurtriers d'Éric ?!!?

- Pourquoi pensez-vous qu'on vous gardait ici ? Et aussi longtemps ? Pourquoi croyez-vous qu'on vous posait toutes ces questions ? me dit-il aussi surpris que moi.

- Si je comprends bien, pendant ces longues journées et ces heures d'audition j'étais votre suspecte ?

- Dans les crimes concernant des couples, dans 80% des cas, le conjoint est soit coupable, soit complice. Il nous fallait tout vérifier.

Je risquai de tomber de la chaise. Il poursuivit.

- Madame de Putter, vous êtes vraiment étonnante ! Tellement intelligente, spontanée et parfois franchement naïve... Mais, vous savez, tout le monde, fait face à des situations difficiles qu'il faut gérer. Par exemple, pendant que toutes les équipes d'élite et moi-même enquêtions sur vous, sur votre passé, sur l'Université et votre époux, je devais faire face à une situation complexe. Mes deux enfants ont été enlevés la veille de l'assassinat de votre époux par un ancien détenu qui voulait me faire chanter. Et pourtant, je suis là, à faire mon travail et je n'ai pas droit à l'erreur. Vous avez été courageuse. Restez-le. Pour vous et pour votre enfant.

Je ne savais quoi dire, alors je n'ai rien dit. Mes grands yeux parlaient pour moi.

- Je vais vous conduire dans un autre bureau que vous connaissez bien. Madame de Putter, suivez-moi s'il vous plaît.

Le commissaire chef avait lui aussi un grand sourire. Il s'enquit de mon état de santé. Je restai vigilante.

- « Madame de Putter, j'ai cru comprendre que votre maman n'est pas dans le pays en ce moment...

- Elle est malade et a dû être opérée à Paris. Je lui ai demandé de prendre soin de sa santé d'abord.

- Hum hum…

Il ouvrit ses tiroirs - fermés à clés -, puis d'une grande enveloppe, il sortit mon passeport, ma carte d'identité et mon carnet de vaccination.

- J'imagine que vous avez besoin de tout ceci pour pouvoir rentrer chez vous avec le corps de votre mari et pour revoir votre mère.

- J'imagine que vous avez raison.

En me tendant mes documents d'identité et de voyage, il ajouta de sa voix paternaliste calculée :

- Vous n'oublierez pas de rester prudente et de prendre soin de votre enfant.

Je me demandai si ces propos avaient un double sens.

- Pour quand est prévue la naissance ?

- Janvier 2013. J'ai hâte que cette année de malheurs se termine !

- Les voies de l'Éternel sont insondables bel enfant...

- Avez-vous d'autres questions ?

- Non. Vous avez répondu à toutes nos questions et vos réponses ont d'ailleurs été systématiquement vérifiées et croisées. Vous allez pouvoir rentrer chez vous. Nous poursuivrons l'enquête ici et la justice suivra son cours.

- Quand saurons-nous qui a tué Éric ? Et pourquoi ? Quels seraient les délais pour un procès ?

- Je ne peux vous donner de date. L'enquête prendra le temps qu'il faut et la Justice aussi. »

Cela signifiait qu'il allait falloir être patients, très patients.

Il tendit la main pour me signifier la fin de notre entretien qui avait battu des records de rapidité. Ce fut une étrange sensation de savoir que je n'aurais plus à revenir là.

Ma famille s'occupait de la mise en bière en lien avec le Défap et la famille de Putter, qui gérait les démarches pour l'arrivée en France. On me demanda mon avis pour le costume. Il adorait celui confectionné par maman pour notre mariage. Le cercueil ? Les assurances rapatriement des volontaires sont minimalistes. Pour moi, il n'était pas utile d'y mettre plus d'argent que nécessaire, mais ma famille ne voulait s'y résoudre. Toutes ces préoccupations ne m'intéressaient pas. Je voulais que ton papa revive. Je ne voulais pas avoir à gérer dans quel vêtement son corps deviendrait pourriture et nourriture pour les vers. Je voulais mon mec vivant. Mon état physique se détériorait, ma santé psychologique s'aggravait. J'inquiétais tout le monde. La pression accumulée et les chocs successifs commençaient à avoir un effet sur moi. Je faisais des gestes brusques incontrôlés suivis de tremblements. Je n'avais plus d'argent. Je réussis à peine à honorer les derniers vœux émis pour la chorale par un Éric vivant et heureux. J'appelai sans succès Manu, le président de la chorale, que nous attendions aussi ce soir-là et qui était avec moi dans la voiture qui transporta Éric à la morgue cette nuit-là. Il ne répondit à aucun de mes appels. La mort dans l'âme, je fus contrainte d'appeler Robert qui avait les contacts des membres de la chorale. Dans le quartier du mess des officiers (camp militaire), je finis par pouvoir rencontrer la responsable adjointe de la chorale. Je lui fis part de la volonté de ton papa de leur faire un don important pour l'achat d'un instrument de musique. Je remis aussi le métronome qu'Éric voulait donner à Manu. Elle était émue. Elle me proposa de prier, elle le fit sans mon consentement. La mise en bière allait avoir lieu le lendemain. Elle ignorait combien de choristes pourraient venir, car plus de la moitié du chœur était déjà partie en vacances.

Le lendemain à 11h30, une demi-heure avant la cérémonie, les choristes étaient tous là. La cour était noire de monde. Les curieux, les compatissants, les satisfaits, et sans doute les meurtriers et leurs complices aussi. Il y avait un dispositif de sécurité important. Le personnel de l'Ambassade veillait là. Le commissaire-chef aussi. Le personnel de France Volontaires. J'ignorais qui avait fait appel à ce pasteur pentecôtiste charismatique qui prôna la fin du monde et l'urgence de la repentance des péchés. Contrairement au protocole de l'Église, je fis interdire l'accès au corps de ton papa à toutes personnes de l'UPAC et en lien avec l'Eglise protestante du Cameroun. Ils furent tous refoulés, y compris et surtout les responsables de l'Université. Ces témoins silencieux d'un acharnement, témoins complices de ce crime dont ils devaient sans doute se féliciter. Ceux-là qui ne nous avaient jamais adressé de condoléances, ni à moi ni à tes grands-parents. Aucun représentant du Défap n'avait fait le déplacement au Cameroun. J'étais dans le désarroi total et ma fureur grandissait. Pendant que le personnel de l'Ambassade remplissait les formalités à l'intérieur de la morgue, je sortis m'adresser à la foule assise. Debout face à elle, sans estrade ni escabeau, je pouvais voir chacune de leurs paires d'yeux. Vêtue d'un tailleur pantalon noir fait sur mesure par un collègue designer de Maman, je m'exprimai publiquement pour la première fois depuis l'assassinat de ton papa :

- *« Eric le pacifiste, le non violent, qui vous a tous aimés de toutes ses forces et que vous avez tué, refusait de croire que Dieu puisse punir jusqu'à la cinquième génération. Il soutenait que Dieu est amour, qu'il ne punit pas et qu'il se contente d'énoncer les conséquences de nos actes. J'ignore s'il avait raison ou pas. Je sais que je veux que chaque personne qui a participé au meurtre d'Éric de Putter subisse les conséquences de cet acte ignoble et lâche, et cela, jusqu'à la millième génération s'il le faut ! »*

Ce moment de saine colère fut interrompu par une chute de tension brutale qui me fit littéralement tomber. Sista qui avait tenu à rester tout près de moi, me releva et me ramena à l'intérieur. Je reprenais peu à peu mes esprits. Hope que je n'avais pas revue depuis le commissariat et la reconstitution arriva. Nous nous prîmes dans les bras l'une de l'autre. Je pleurai - pas elle. En essuyant mes larmes, elle me tendit un cadeau. Je souris à travers mes larmes. C'était un petit nounours.

- « Tonton Éric n'est plus là pour te faire des câlins, mais tu pourras serrer ce doudou très fort dans tes bras et dormir avec lui. »

A ce moment-là, nous ignorions toutes les deux que ce doudou resterait avec moi pendant plusieurs mois sur recommandation de mes thérapeutes, spécialistes du traumatisme.

Les formalités administratives et diplomatiques terminées à la morgue, nous transportâmes la dépouille à l'aéroport. C'est à cet instant que le principe de réalité me rattrapa. Toute l'adrénaline des auditions, des formalités administratives, des échographies de contrôle, retomba. Pour la première fois, je faisais véritablement face à la situation. Il n'y aurait pas de miracle, pas de résurrection. Ton papa ne nous reviendra pas. Je n'entendis pas les adieux, les promesses de justice, les paroles de réconfort.

L'avion se posa à Roissy Charles de Gaulle. Une dernière fois me revint le chant de la chorale: « *Someone's crying Lord, kumbaya. Oh Lord, kumbaya* »

## Chapitre Huit : La case « néant »

*"To have been loved so deeply,*
*even thought the person who loved us is gone,*
*will give us some protection forever."*

J.K. Rowling

Se nourrir, se vêtir, se loger. Que l'on soit de tradition aristotélicienne ou non, les discours sur les besoins élémentaires de chaque homme ou femme sont connus - et donc revendiqués. Veuve, enceinte, sans logement et sans emploi à mon retour en France, je ne pouvais ni me nourrir, ni me vêtir, ni me loger… sans aide. Le problème avec l'aide, c'est que la main qui reçoit est toujours en dessous de celle qui donne. Et pour recevoir, il faut connaître les critères et répondre aux exigences du donateur, qu'il s'agisse d'une personne ou d'une organisation aux rouages bien ficelés. Je ne pouvais pas non plus imposer ma présence à la famille d'Éric, qui m'avaient offert un gîte provisoire juste après l'enterrement de leur fils.

Dans mon élan amoureux avant de rejoindre ton papa au Cameroun, j'avais tout lâché, y compris mon appartement. En vue de ce qui devait être notre retour imminent à Paris, ton papa et moi avions fait circuler une petite annonce dans nos réseaux amicaux.

En réponse à celle-ci, deux jours avant sa mort, Éric avait été contacté par le pasteur Woodsey Jagger, de la paroisse de l'Oratoire du Louvre. Ils avaient un logement à louer - mais uniquement à la condition que le profil des occupants corresponde aux exigences du conseil presbytéral. Le parcours brillant de ton papa les intéressait beaucoup. Il y avait 99% de chances pour que l'appartement nous soit attribué pour une durée de sept ans.

Eric était fou de joie à l'idée de rejoindre cette communauté : « Tu te rends comptes ! L'O-ra-toi-re du Lou-vre, après ce désert spirituel ! » En extase, il s'était empressé de me montrer leur site Internet et toutes les prédications de ces illustres théologiens. Pendant qu'il se voyait déjà proposer des sujets d'études théologiques, jouer de l'orgue, donner un coup de main en cuisine et se nourrir de toutes les joies spirituelles et théologiques de cette communauté libérale, revoir Paris en sa compagnie suffisait à mon bonheur.

Éric mort, je n'avais plus eu de nouvelles de ce pasteur. Sa collègue avait rédigé un très beau texte sur Eric qui m'avait touché, mais c'était tout. Et pourtant, ma mère insistait pour que je reprenne contact car « on ne sait jamais », ne cessait-elle de dire.

- « Ils voulaient le génial professeur de Putter. Ils n'ont rien à faire de la veuve noire enceinte et pas théologienne » lui répondis-je taciturne.

Mon refus de reprendre contact avec eux n'avait aucun effet sur elle. Elle persista. Alors, sans aucune conviction, je composais le numéro du pasteur Jagger. Il savait qui j'étais. Nous convînmes d'une date pour une visite. Hasard du calendrier, avec la famille de Putter, nous avions rendez-vous le même jour chez Me Bourdon, notre avocat français dans l'affaire de l'assassinat d'Éric et de la plainte contre X déposée en France comme au Cameroun. Deuxième hasard, on voyait les fenêtres de la Maison presbytérale depuis son cabinet. Je me rendis donc à la visite accompagnée d'une smala : tous les adultes de la famille de Putter et quelques-uns de la mienne. Cela faisait beaucoup pour visiter un appartement mais je trouvais cela drôle.

Le pasteur Jagger vint nous ouvrir. Blond aux yeux bleus, c'était un géant d'au moins deux mètres. Courtois et aimable, il resta distant mais je sentis immédiatement qu'il savait aussi être chaleureux et faire preuve d'empathie. Ayant été à l'étranger depuis plusieurs mois, je n'avais pas de fiche de paye à présenter mais je lui garantis qu'il n'y aurait pas d'impayés. Il hocha la tête en souriant. De sa part, à aucun moment, je ne sentis ni pitié ni condescendance. J'imaginais qu'il devait tout de même être mal à l'aise. Il avait parlé à Éric de Putter deux jours avant son assassinat et la désormais célèbre famille de Putter était là au complet, chacun espérant faire bonne impression pour que je trouve à me loger. Lui cherchait les mots pour parler du deuil auquel nous pensions tous. La visite terminée, il m'annonça que j'aurais des nouvelles du Conseil Presbytéral qui avait le choix entre deux dossiers, le mien et un autre soutenu par la collègue de M. Jagger, qui entendait privilégier des jeunes en colocation. Je le soupçonnais de m'être favorable, même si je n'avais aucun élément objectif pour le dire. L'avenir me donna raison. Plusieurs jours après cette visite, j'eus enfin des nouvelles du Conseil qui s'était prononcé en ma faveur. Ce fut un grand soulagement.

Le jour de la remise des clés, Léah-Marie, la fille de la sœur aînée de Maman, qui m'accompagnait désormais dans toutes mes démarches, était à mes côtés. Tout le Conseil semblait s'être déplacé. Il y avait le Président, un homme charmant. Je fus conquise par sa voix douce. Il était philosophe et j'eus la certitude que nous serions amis. J'étais devenue amie avec tous les philosophes que j'avais rencontrés. Il y avait aussi Francine, une dame réservée et très élégante. C'était la trésorière. J'admirais son port de tête royal et son sourire chaleureux. Ce sera l'une de nos plus grandes amies et un indéfectible soutien dans les années d'épreuves qui m'attendaient. Il y avait aussi Sandrine, la secrétaire, qui devait être juriste car elle n'arrêtait pas de revenir sur les termes du contrat et sur les règles de la paroisse. Il y avait aussi une dame un peu nerveuse, je compris que c'était la deuxième pasteure, collègue de Woodsey qui était en vacances. Elle avait un sourire féroce qui n'augurait rien de positif. Je me dis que le contraste était saisissant entre le très beau texte écrit en hommage à Éric, et la personne que je rencontrai. Comme souvent depuis la mort d'Éric, je ne parlai pas, ou très peu. Ma cousine se fit mon porte-parole. Ses propos étaient tellement élogieux qu'ils me surprirent. Je me demandai si la personne loyale, forte, fidèle, engagée, intelligente était bien moi. Elle leur fit une démonstration de mon parcours académique « toujours avec mention ! » s'exclamait-t-elle. Je ne savais pas si son plaidoyer avait atteint son objectif, mais je me dis, en les voyant plus détendus, qu'ils étaient peut-être un peu plus convaincus que la veuve noire, à défaut de ne pas être le brillant théologien qu'était Éric de Putter, n'était pas une inculte ou une parvenue, son parcours lui donnant la légitimité de pouvoir fréquenter l'illustre paroisse parisienne.

La secrétaire me dit alors avec un grand sourire :

- « Vous verrez, vous allez vous plaire à Paris ! C'est une si jolie ville où il y a tant de choses à faire !

J'avais envie d'éclater de rire. Ma cousine me regarda. Elle attendait que je dise quelque chose. Je m'obstinai à me taire. Souriante, Léah-Marie dit :

- Marie-Alix est née à Paris. »

Le silence gêné qui suivit fut brisé par mon futur ami philosophe, qui, d'une phrase pleine d'intelligence nous fit rire. Je pris les clés et en toute confiance, signai le contrat, sans le lire. Monumentale erreur. Car en lieu et place des sept ans proposés à Eric de Putter, il était clairement mentionné que le contrat était d'un an renouvelable et de trois ans maximum. Je n'allais pas tarder à découvrir, à mes dépens, les conséquences de ce petit article du contrat pour une femme seule avec enfant. La générosité avait ses limites. La collègue de Woodsey avait de l'influence sur ce Conseil, et ne se privait pas d'en faire usage. Elle voulait bien de la veuve noire et de son enfant, mais pas plus de trois ans.

En attendant, j'avais un toit ; je rencontrerai à l'Oratoire des amis précieux et de belles personnes qui donneront un sens positif au mot de « communauté » que je redoute parfois. Grâce à ma gynécologue togolaise, amie de la famille, j'avais aussi réussi à obtenir une place dans la meilleure maternité publique de Paris. Il fallait maintenant s'assurer d'avoir des droits ouverts à la sécurité sociale. J'étais complètement décalée. La dépression occupait en moi tout l'espace non occupé par toi. Je ne parlais pas. J'avais le regard vide. Je ne comprenais rien à toutes les démarches qu'il fallait faire. Je me contentai de me rendre physiquement où ma présence était requise.

Cette fois, après avoir fait le tour de tous les guichets trois jours successifs, Léah-Marie et moi étions reçues par la responsable des assistantes sociales de la Sécurité Sociale. La petite dame ronde aux lunettes vertes, regarda tous les papiers et semblait dépassée par la situation.

Elle leva les yeux sur moi en soupirant :

- « Hummmmm heureusement que vous étiez mariés…

- Pourquoi ? Parce que si nous n'étions pas mariés j'aurais eu moins de peine ?

- Chère Madame, si vous n'étiez pas mariés, la société s'en ficherait complètement. »

Le calme et la fermeté de sa réplique m'exaspérèrent. Je retournai dans ma bulle protectrice. Je l'entendis à peine passer plusieurs coups de fil et se tourner vers nous une heure plus tard, souriante.

- « Ouf ! Nous avons trouvé une solution. Puisque vous êtes partie en « Afrique » seulement quelques mois, malgré votre congé sans solde, vos droits restent ouverts ! Le service juridique me confirme que la Loi stipule que dans votre cas, c'est à partir de 12 mois que les droits auraient été fermés, or votre congé n'était que de 11 mois et une semaine. Ouf ! A un mois près et c'était la catastrophe ! Bref, ce n'est pas le cas, tout sera donc régularisé au plus vite ! » s'exclame-t-elle encouragée par Léah-Marie.

Le lendemain matin, nous poursuivîmes notre douloureuse déambulation dans le système bureaucratique français. On nous indiqua les services de Pôle Emploi. Ce fut encore une nouveauté pour moi. Après avoir été baladées de guichet en guichet, un agent finit par nous répondre. Nous n'obtiendrons rien de leur service bien que je n'eusse ni emploi, ni revenus et que j'avais cotisé pendant les 5 dernières années. J'étais en congé sans solde mais pas au chômage. L'agent nous suggéra de retourner à la Mairie qui à son tour nous indiqua la Caisse d'Allocations Familiales (CAF). Là-bas, personne ne fut en mesure de nous renseigner. Mon cas n'entrait dans « aucune case » prévue dans leurs formulaires. Une responsable était absente, il fallut y retourner le lendemain. La fermeté de notre détermination rencontra le professionnalisme de la personne qui nous reçut. Elle trouva une parade temporaire à ma situation. Un petit revenu complémentaire de 480 euros me serait versé en attendant la reprise du travail. Cela ne payait même pas la moitié de mon loyer mais c'était un début. Les étoiles s'alignaient enfin. Je pouvais commencer à préparer mon retour au travail sans craindre de manquer du mimimum vital pour vivre.

La mission d'accompagnement dans les démarches de ma cousine tirait à sa fin. Les jours qui précédèrent mon retour au Défap furent angoissants. Je ne voulais ni voir ni parler à personne. Personne ne savait où j'habitais. Je n'avais pas de téléphone portable. J'étais injoignable. Seule ma maman échappa au vide abyssal que je fis autour de moi.

Les journées passèrent vite. La reprise fut déjà là. Ce matin de septembre, les transports étaient bondés. Les Parisiens, de retour de vacances, étaient bronzés. Ils se pressaient de raconter leurs vacances avec des hyperboles minutieusement sélectionnées. Cela faisait bientôt un an que je n'étais pas revenue Boulevard Arago. J'empruntai ce chemin que je connaissais parfaitement avec appréhension, colère et dégoût. Rien n'avait changé. Lorsque j'arrivai au numéro 102, je marquai une pause. J'attribuai mon souffle court à la grossesse avancée. Je te sentis bouger. Je voulus croire que c'était ta manière de me dire "on est ensemble maman, et tout va bien".

- « Bonjour Marie-Alix ! » s'exclama en souriant Marjolaine, l'épouse de Jean-Luc, qui assurait l'accueil ce jour-là. Elle fit le tour du bureau d'accueil pour venir m'embrasser. Je réussis à quitter poliment son étreinte pour aller trouver un peu de répit dans mon bureau. Il y avait eu des changements négociés et validés avant la mort d'Éric. Grâce à une promotion, j'avais aussi obtenu un bureau individuel. Je fermai la porte. Chacun venait me saluer plus ou moins chaleureusement et prendre de tes nouvelles. Tous évitaient soigneusement de parler de ce qui occupait pourtant nos esprits : l'assassinat d'Éric.

- « Comment vas-tu ? Ce n'est pas trop dur de revenir ici ? demanda une collègue venue comme les autres "accueillir" la revenante.

- Tout va bien dans ma vie ! Vraiment, tout va bien, merci. Evidemment que cela n'est pas du tout difficile de revenir ici. Je veux dire, la dernière fois, avant mon départ, Éric et moi fêtions notre mariage avec vous tous ici. Et aujourd'hui, à mon retour, je suis veuve, enceinte et traumatisée. Je ne dors pas. Je fais de multiples crises d'angoisse et de panique. Mais, oui, c'est un vrai bonheur et une grande joie de revenir dans cette Maison comme tu peux l'imaginer. »

Après ma réponse volontairement cassante, elle bredouilla quelques mots et sortit. J'eus enfin du calme.

Un déjeuner collectif s'était organisé. Le silence était lourd. Les seuls qui se risquaient à parler racontaient leurs vacances, donnaient des nouvelles de leurs familles, du mariage de leurs enfants durant l'été, du froid qui revenait alors qu'il n'y avait pas eu un véritable été à Paris. Certains réussirent même à envier le soleil qu'il y avait à Yaoundé.

L'apogée de cette journée arriva quand, au retour du déjeuner, nous rencontrâmes le Président de l'Église Évangélique du Cameroun qui, de passage au Défap, tenait à venir « embrasser sa fille. »

Ma première semaine de reprise s'était ainsi montrée digne de mes pires angoisses. Mais j'essayais d'entamer cette phase avec de nouvelles résolutions. Je faisais tout pour ne pas craquer nerveusement dans leurs locaux. Je réservais mes crises à l'intimité de la maison. J'avais hâte et besoin de cette thérapie qui devait commencer dans les prochains jours.

L'unique centre exclusivement dédié à la gestion psychologique du traumatisme en France était un lieu étrange. Dans l'espace étroit qui servait de salle d'attente, des notes de Haendel succédaient à Bach pour étouffer les pleurs et les confidences des patients. Chaque regard ouvrait la porte à un océan de douleurs inexprimées. Personne ne disait rien mais tout parlait. Les mains tremblantes, les pieds agités, les va-et-vient des impatients, les pleurs silencieux, les mouchoirs qui s'empilaient dans la corbeille, la secrétaire désabusée gérait les rendez-vous comme elle pouvait.

- « Madame de Putter » appela une voix ferme et joviale.

La psychiatre était belle, élégante. J'observai ses chaussures de créateur et ses bijoux raffinés. « Installez-vous où vous souhaitez » dit-elle.

J'avais le choix entre un énorme fauteuil et une chaise devant son bureau. Je choisis la chaise que j'avançai. Pendant une heure, ce fut un monologue. Je parlai, comme si elle n'était pas là, tout en la fixant des yeux. Je sentais bien que la mort s'était emparée de mon regard. Ma voix était basse, comme si les assassins d'Éric pouvaient m'entendre. Comme un moteur à la peine, à bout de souffle, la tête entre des mains tendues et tremblantes, je finis par cesser de parler. Je dis encore que je ne voulais pas de traitement. Je lui parlai de toi, de mes peurs pour toi.

Elle m'interrompit brusquement

- « Je ne suis pas là pour le bébé. Les gynécologues obstétriciens oui. Nous sommes ici pour VOUS, Marie-Alix. Vous êtes ma patiente, pas votre bébé.

Je n'eus pas le temps de décider ce qu'il en fallait en penser qu'elle poursuivit :

- Vous êtes incroyablement forte. Et si j'ose aller plus loin, je dirais qu'en 15 ans de métier, je n'ai jamais rencontré de personne comme vous. Vous êtes entrée dans cette pièce et elle s'est immédiatement remplie de vous. Maintenant que ceci est dit en dehors de tout cadre de consultation, je vais commencer par vous rassurer : je ne vous donnerai aucun médicament. D'abord parce que vous êtes enceinte, et surtout parce que je pense que vous n'en avez pas besoin.

Je m'en réjouissais. Je n'aimais pas les comprimés et je savais que je ne les prendrais pas.

- Je vais par contre vous prescrire un arrêt de travail qui débutera dès aujourd'hui, et cela, jusqu'à votre accouchement. Vous êtes forte mais ne soyez pas téméraire. Reprendre votre travail au Défap dans ces conditions est une aberration et vous n'en avez même pas conscience !

- Mais … je n'ai JA-MAIS eu d'arrêt maladie. Jamais !

- Hummm Oui, ça c'était avant de traverser ce que vous vivez aujourd'hui. Marie-Alix, votre mari a été tué. Il est mort dans vos bras. Vous êtes enceinte. Victime d'un traumatisme profond. Pensez-vous que la priorité aujourd'hui est votre travail ? De toutes les façons, vous ne pouvez pas travailler actuellement. Vous êtes malade et il faut vous soigner. »

Je lui avais tout raconté et pourtant, cela ne fut qu'à ce moment que je me mis à pleurer. Les larmes de mon impuissance réchauffaient des joues arrondies par la grossesse. C'était la première fois que j'entendais que je ne pouvais pas faire la seule chose qui me donnait l'illusion d'avoir la maîtrise et le contrôle : l'adrénaline du travail. Même cela, je l'avais perdu. Je n'étais plus rien.

A la sortie, j'appelai immédiatement mes responsables.

- « A-t-elle tenu compte des éléments administratifs de ton dossier avant de te prescrire cet arrêt de travail ? Lui as-tu dit que si tu ne travailles pas tu n'auras ni salaire ni indemnités ? » furent les seules réactions que je reçus au bout du fil.

Je raccrochai poliment. Trois jours après l'envoi de mon premier arrêt maladie, je reçus un courrier m'informant du passage d'un inspecteur de la sécurité sociale.

Un petit homme chauve au regard vif et sympathique se présenta à notre domicile. Il était en avance. L'amabilité de mon accueil semblait l'avoir détendu. Il m'avoua ne pas avoir l'habitude d'être aussi bien reçu chez les assurés qu'il était chargé de contrôler. Je lui montrai tous les documents qu'il souhaitait voir.

- « Je ne comprends pas pourquoi on m'envoie enquêter chez vous. Franchement, votre situation est tellement évidente de détresse que je ne m'explique pas ce contrôle. Excusez-nous de vous déranger dans un moment pareil.

- Ce qui m'échappe c'est l'utilité d'un contrôle alors qu'on m'a clairement fait comprendre qu'en raison de mon congé sans solde, n'ayant pas cotisé les douze derniers mois, et avec cet arrêt maladie je n'aurai ni salaire ni indemnité. Puisqu'aucune institution ne va perdre de l'argent du fait de cet arrêt de travail et que je suis la seule à subir cette situation, pourquoi cette enquête ? »

Les sourcils de mon interlocuteur formèrent soudain un accent circonflexe et il se lança dans une série d'appels téléphoniques. L'enquêteur devint d'un coup mon meilleur défenseur. Il utilisa sa parfaite connaissance des règlements et ses contacts internes pour m'aider. Quarante-huit heures après sa visite, tout était réglé : mes droits étaient ouverts et couvraient les indemnités complémentaires pour la maladie et la maternité. Le liquidateur peut parfois avoir une figure messianique.

Mais c'est une autre enquête que celle sur mon arrêt maladie qui allait démarrer et m'occuper, des années durant. Quelques jours après le passage de cet inspecteur de la sécu, je dus me présenter au Palais de Justice, sur l'île de la Cité. Il y avait l'enquête camerounaise, à laquelle j'avais contribué par mes interrogatoires à Yaoundé. Il y avait maintenant l'enquête française, suite à la plainte pour homicide déposée par la famille de ton papa et par moi. Nous étions ce qu'on appelle les parties civiles et j'étais accompagnée, ce jour-là, par notre avocat, Me Bourdon, une célébrité du barreau parisien.

Je connaissais le Palais pour y être allée plusieurs fois avec notre prof de droit quand j'étais en Sciences Po. J'avais assisté à des séances publiques, des comparutions immédiates, par exemple d'individus pour des violences commises dans les transports publics. Mais là, je n'étais pas du côté du public, j'étais la victime. Je ne savais pas à quoi m'attendre. Ce 21 septembre 2012, Me Bourdon me conseilla d'être moi-même et de répondre sincèrement à toutes les questions qui allaient m'être posées. La juge était une jeune femme brune, la greffière aussi. Rien ne trahissait ses pensées, ni son regard ni ses gestes. Elle remonta loin dans l'histoire : le départ d'Éric pour le Cameroun, son arrivée à l'UPAC, ses relations avec ses collègues, l'éventualité d'autres activités hors campus. Elle voulut savoir s'il était "activiste" sur place et s'interrogea sur un article que nous avions co-signé, elle me fit raconter notre rencontre, notre mariage, les relations de ton papa avec sa famille. De temps en temps, je devais ralentir pour faciliter à la greffière sa prise de note. Il n'y eut pas de surprise sur ce qui allait être conservé : je dus relire et signer le PV de l'audition.

La justice française demanda la saisie de l'ordinateur d'Éric, que j'avais ramené de Yaoundé, et de sa boîte mail. Tout fut passé au peigne fin : ses écrits universitaires, sa correspondance, ses notes diverses firent l'objet d'un compte rendu partagé à ses parents, ses frères et moi, ainsi qu'à l'avocat.

Quelques semaines plus tard, la juge française nous informa par le biais de Me Bourdon avoir demandé à ses homologues camerounais l'exécution d'une commission rogatoire qui lui aurait permis de se rendre sur place et d'auditionner d'autres témoins sur place. La justice camerounaise ne donna jamais suite. Il me revint par la bande des rumeurs, des propos qui auraient été tenus par les juges camerounais : ils refusaient de coopérer avec la justice française parce que, prétendaient-ils, je n'avais pas coopéré avec la justice camerounaise. Devant tant de mauvaise foi, je demandai à notre avocate camerounaise de faire demander elle-même une commission rogatoire à la justice française, pour que le contenu de mes interrogatoires dans les deux pays soient partagés à tous les enquêteurs, et de me tenir à disposition pour d'éventuelles questions supplémentaires.

Le chemin fut long mais notre avocate obtint toutes les signatures locales nécessaires et transmit les pièces au Ministère de la Justice camerounais qui devait prendre le relai et formuler officiellement ses demandes à la France. Personne ne saura jamais ce qu'il advint de cette commission rogatoire camerounaise. Je commençais à me rendre compte que le Cameroun n'avait aucune envie que l'enquête progresse, et que la France ne mettait pas tout en œuvre pour savoir qui avait tué l'un de ses jeunes et brillants esprits.

## Chapitre Neuf : Un sourire qui dit oui à la vie

*"Birds flying high you know how I feel*
*Sun in the sky you know how I feel*
*Reeds driftin' on by you know how I feel*
*It's a new dawn. It's a new day. It's a new life for me. And I'm feeling good…"*

Nina Simone

C'était peu avant Noël 2012. Les toits de Paris étaient couverts de neige. J'avais enfin trouvé une position confortable et j'étais contente d'avoir pu m'endormir. Dans ce sommeil sans rêve, je pensai à Noël qui approchait et cela ne me réjouissait pas.

Soudain, un cri retentit. Ce son d'une puissance inouïe sortit de ma gorge. A la douleur de la migraine, s'ajouta ce qui ne pouvait être qu'une hallucination : je voyais des étoiles. Elles étaient nombreuses et multicolores. Ta grand-mère accourut. Malgré ses efforts, elle n'était pas douée pour cacher son inquiétude.

- « J'ai mal à la tête et… Je vois des étoiles, répondis-je à ses questions pressantes.

- On va aux urgences tout de suite ! hurla-t-elle

- C'est OK maman. Il n'y a aucune raison de paniquer. » Lors du dernier contrôle, ma tension était à 16 mais était redescendue après. La sage-femme disait qu'en cas de forte migraine je devais aller à la pharmacie. Maman me regardait, scandalisée. Mais je poursuivis sur le même ton :

- « Il doit bien y avoir un petit comprimé à prendre pour faire disparaître la douleur, pas besoin d'encombrer les urgences » concluais-je d'un ton déterminé.

Nous nous préparâmes chacune à son rythme. Ta grand-mère Malou rapide, stressée et paniquée. Moi, posément, sans émotions. J'enfilai ce pantalon noir que je ne quittais plus. Je pris les tonnes de cadeaux achetés pour mes neveux et nièces. Il fallait absolument les envoyer aujourd'hui pour qu'ils les reçoivent à Noël. « Nous ferons un tour à la poste après la pharmacie » criai-je à ma mère à l'autre bout du couloir.

Le chemin de la pharmacie était silencieux. Les étoiles étourdissantes étaient toujours là. Et toi aussi, mon « *baby boo* », tu étais là. Je te fis une caresse et je souris.

Fabien, le pharmacien, un homme d'une cinquantaine d'années à la chevelure grisonnante s'approcha. Il écouta mon histoire et alla chercher le tensiomètre derrière le comptoir. 17.7. On recommença trois fois. Rien n'y fit. Le pharmacien tenta un petit sourire au goût âpre qui se transforma rapidement en rictus.

- « C'est assez élevé, commenta-t-il. Rappelez-moi, quand est prévu l'accouchement ?

- Début janvier et je n'espère pas avant ! Répondis-je. Quel est le traitement autorisé pour faire baisser la tension et surtout la migraine ?

Il y eut un court silence. Il posa sa voix et répondit :

- Je crois que vous devriez aller aux urgences…

Je sentis que le stress de Maman venait d'augmenter considérablement.

- Etes-vous sûr qu'il n'y a vraiment rien d'autre à faire, même pas un médicament homéopathique ? »

A nouveau ce sourire douloureux et un signe négatif de la tête. Je relevai la tête et mes yeux croisèrent ceux de ma mère. Je la sentais prête à sauter dans le premier taxi.

- « Je veux d'abord expédier les colis, dis-je. Il faut vraiment que cela arrive pour Noël. »

Dans le bureau de poste, la foule s'impatientait et s'énervait. Chacun gardait jalousement sa place dans le rang qui avançait aussi vite que peut aller une tortue épuisée. Être enceinte et si proche du terme ne me fit pas gagner de place. D'ailleurs, lorsque ce fut enfin mon tour, une dispute éclata entre l'agent et une dame qui, en voyant mon état, me pressait de passer devant tout le monde. L'agent nia avoir vu mon état. « Ça ne se voit pas que vous êtes enceinte ! » me cria-t-il en me faisant signe d'avancer. Sa naissance ayant précédé la bêtise, je me contentai d'expédier mes colis et de partir, suivi de maman qui priait désormais à voix haute.

Avec la neige et la pluie, l'asphalte était glissant, et, le *taximan* prudent. Il redoutait évidemment que j'accouche dans sa voiture. Arrivées à Port-Royal, je freinai encore Malou en réclamant de manger quelque chose. Il fallait bien nourrir la mère et le bébé avant d'aller passer un temps interminable aux urgences. Ses yeux hurlaient « inconsciente ! » Mais, comme souvent, elle ne dit rien et continua à prier en m'accompagnant à la cafétéria. Je la taquinai en lui demandant si Dieu se souvenait encore de moi. Elle secoua légèrement la tête, mais j'avais réussi à lui voler un sourire - et un petit sandwich.

Comme à la poste, il y avait un nombre incalculable de couples dans la salle d'attente des urgences. Je pris un ticket et regardai tous ces couples, et surtout ces hommes qui rivalisaient d'imagination pour le bien-être de leurs compagnes. Ton papa me manquait. Je me disais que je n'avais pas signé pour cela. Je ne voulais pas faire un bébé toute seule. Et pourtant, j'étais là, et je n'avais pas d'autre option que de passer directement au plan B. Deux heures plus tard, ce fut enfin mon tour. Très occupé à prendre des notes et à remplir différents documents, l'infirmier qui assurait l'accueil ne me regarda pas en me demandant ce qui m'amenait.

- « Ma tension était à 17 il y a deux heures. Le pharmacien m'a conseillé de venir aux urgences.

- 17 !???? La naissance est prévue pour quand ? m'interrogea-t-il en levant les yeux, enfin intéressé par mon cas.

- Début janvier …

- P*****! Suivez-moi immédiatement ! »

Malou ne fut pas autorisée à me rejoindre. Tout alla trop vite. Me voilà allongée, seule dans une grande pièce. Cette fois, le tensiomètre explosa. Ma tension était passée à 20. Mon bras allait exploser. La douleur était tellement vive que je fus obligée de retirer moi-même l'appareil. J'appelai à l'aide. Un monsieur qui passait par là avec son épouse courut chercher l'infirmier. Il entra dans la pièce, jeta un regard sur les chiffres et cria dans le couloir : " URGENCE ! Salle de naissance ! "

Une petite équipe vint me chercher avec un brancard. Je ne comprenais pas ce qu'il se passait. J'osai tout de même poser la question qui m'effrayait :

- « …Salle de naissance pour accoucher ??? » ma tête tournait. Je voyais de plus en plus d'étoiles, j'étais au bord de l'évanouissement.

- « Oui. Madame, vous êtes dans un état critique. C'est très grave ! » me répondit une sage-femme.

La salle de naissance était spacieuse. De nombreuses machines furent installées pour me faire des analyses simultanément. La tension montait et puis baissait à nouveau. Une obstétricienne en congé fut appelée à rejoindre l'hôpital. Le personnel médical hésitait. Ils espéraient faire baisser la tension. Tous mes bras furent perfusés. Des appareils étaient branchés en série pour mesurer ma tension, surveiller ton rythme cardiaque ou le mien. Chacun faisait un « bip » différent, et tous ensemble produisaient une étrange symphonie de l'angoisse médicale à laquelle j'aurais préféré ne pas assister. Maman n'était toujours pas autorisée à me rejoindre. Je ne voulais pas accoucher ce jour-là. Je ne voulais pas que tu naisses en 2012. Je ne voulais pas accoucher à l'hôpital entourée de machines, dans un tel vacarme stressant. Sur ces pensées, je m'endormis.

À mon réveil, deux ou trois heures plus tard, la sage-femme de garde dit qu'ils avaient prévu de surveiller comment se comportait la tension avant d'agir - c'est-à-dire provoquer l'accouchement. J'étais soulagée. J'obtins qu'on donne de mes nouvelles à Maman et qu'elle puisse revenir le lendemain.

Le lendemain matin, tout allait mieux. Ma tension s'était stabilisée à 14. Le personnel s'en réjouissait avec moi. Bien installée dans mon ventre, tu allais bien. En début d'après-midi, je revis enfin Maman qui avait l'air d'avoir moins bien dormi que moi. Elle finit par rire de mes plaisanteries. Elle me donna mon téléphone et la seule personne que j'appelai fut Léo, ton parrain, le frère jumeau d'Éric. J'avais promis de l'appeler quand j'entrerais à l'hôpital. Il vivait à Lille et prit le premier train pour Paris.

L'après-midi, les infirmiers se succédèrent. L'une vérifiait l'ouverture du col de l'utérus, l'autre s'occupait de la tension, une autre vint uniquement pour toi, le bébé. J'avais l'interdiction de me lever et pourtant, je voulais me débarrasser de cette sonde. Je réussis à convaincre une infirmière que puisque j'allais mieux, je pouvais aller comme une grande aux toilettes. Elle finit par craquer mais insista pour m'accompagner jusqu'à la porte. Nous empruntâmes un long couloir lumineux. Fière de moi, je pénétrai seule dans le petit royaume. Puis, je tombai.

Lorsque j'ouvris les yeux, maman et Léo étaient là, inquiets. Je tentai un sourire mais je ne parvins à faire rire personne. Ma tension était montée à 22 et j'appris qu'ils prévoyaient de déclencher rapidement l'accouchement. La sage-femme fit sortir mes visiteurs.

- « Bon, nous avons le sexe de votre bébé. Je sais que vous ne voulez pas savoir mais nous sommes dans une situation délicate. Je ne sais pas trop comment vous le dire, mais … on a besoin de connaître le prénom de l'enfant… Vous savez, au cas où…

- … au cas où je meurs ?

Elle hocha de la tête d'un air désolé. J'étais tellement choquée que je ne parvins pas à articuler.

- Et le bébé, il va bien ?

- Pour le moment son état est stable, mais ...

- Est-ce une fille ou un garçon ?

- Une fille qui je pense sera aussi forte que vous ! Je me réjouissais de cette confirmation. Je me dis que tu serais libre d'être celle que tu voudras, sans subir les projections des autres sur toi, sans comparaisons avec la figure de ton désormais célèbre père.

- Elle s'appelle Rachel.

- Magnifique prénom ! … Aviez-vous eu le temps d'en parler avec votre mari avant qu'il ne parte…?

- Oui…! Nous l'avons choisi tous les deux... même s'il s'était moqué de moi en disant que j'aimais trop anticiper.

- Vous savez, on a une collègue qui s'appelle Rachel. Elle est devenue ma meilleure amie. C'est une fille adorable. Mais alors, il ne faut pas la chercher ! » dit-elle en notant le prénom sur un petit bloc note. Elle sortit à toute vitesse en disant : « soyez forte ! »

Je me retrouvai seule quelques minutes avant le retour de mes visiteurs. Je regardais tes courbes, ma petite Rachel, mon bébé d'amour. Tout était stable. Alors, instinctivement, je te parlais « Rachel de Putter, pendant tous ces mois, tu as tenu bon. Tu as été tellement forte ! Alors, j'ai un petit secret pour toi : on va y arriver. Toutes les deux. Je te le promets. » Puis, une délégation pénétra dans la pièce tel un commando prêt à en découdre. La chirurgienne-obstétricienne tirée de son congé avait des cheveux noirs de jais et un regard dur.

- « Nous allons immédiatement déclencher votre accouchement, dit-elle mécaniquement. Dans un premier temps, nous allons insérer des ovules qui devraient agir rapidement et provoquer les contractions. Nous allons aussi devoir poser une péridurale. L'anesthésiste viendra vous voir après la pose du premier ovule.

- Selon la Loi du 4 mars 2002, vous n'avez pas le droit de faire quoi que ce soit sans mon consentement et vous ne l'avez pas. » Mon ton était aussi impérieux que le sien. Je refusai de me laisser déposséder de ta venue au monde. Ou alors, je voulais que tu attendes 2013. Dans tous les cas, je savourai l'effet de ma petite phrase sur le commando médical.

Elle marqua une pause, me regarda incrédule et poursuivit :

- « Madame, je me fiche complètement de la Loi de mars 2002. Vous ne semblez pas bien comprendre la situation : vous êtes littéralement en train de mourir et votre bébé est lui aussi en danger. Nous allons déclencher votre accouchement immédiatement, il en va de ma responsabilité de médecin. »

Parfois, capituler ce n'est pas perdre. Ici, la défaite avait précédé mon hospitalisation. Je nous revoyais, ton papa et moi, à rêver d'un accouchement à domicile. Éric avait commencé la rédaction d'un livre sur les Patriarches de l'Ancien Testament. Il aurait besoin d'au moins un an pour l'écrire. Il imaginait un livre en plusieurs tomes. Je devais reprendre le travail, il t'aurait gardée. On avait l'habitude de prendre un joyeux plaisir à casser les stéréotypes. Là, c'était excellent : la femme noire qui allait travailler pendant que son mari blanc, homme au foyer, garderait le bébé à la maison. Cela nous avait fait rire. Mais aujourd'hui, je ne riais pas.

Plusieurs médecins et infirmières passèrent. L'une s'inquiéta du col, qui n'était pas ouvert. Elle parla de césarienne. Derrière eux, je percevais l'effervescence des jours qui précèdent Noël. Les uns et les autres se souhaitaient le meilleur. Une sorte de douce légèreté suspendit le temps. Tout à coup, je me sentis planer. Je touchai mon ventre dans un mouvement réflexe. Mes os devinrent dur comme du fer. Je ne contrôlai plus ni mes mains ni mes jambes ni aucun muscle. Je cessai d'entendre les voix joyeuses du couloir. Je fus secouée par des spasmes aussi déterminés que moi à prendre le dessus. Les « bips » incessants s'étaient transformés en sirène. La porte de la salle de naissance fut brutalement ouverte et je perdis connaissance.

Il était 1h03 du matin et je t'entendis pour la première fois. Ton petit cri était le plus beau son au monde jamais ouï. Tandis que la chirurgienne et l'équipe justifiaient leur acte chirurgical en disant, triomphants « vous voyez, on a eu raison. Elle est parfaite ! Une minute plus tard, et cela aurait été le drame ! » Ils s'auto-congratulaient et se disaient qu'ils avaient évité d'ajouter du malheur au malheur. Je ne les regardai pas. Je ne voyais que toi. Tu étais magnifique. Tes petits yeux étaient éblouis par la lumière du bloc opératoire. Mais tu étais bien là, et c'était le plus beau jour de ma vie. Tu me regardas et esquissas quelque chose que j'appelai un sourire. Je fus remplie d'amour, d'un profond respect et d'une inconditionnelle admiration pour toi. L'infirmière te posa sur ma poitrine. Je ne sais pas comment j'ai fait pour prononcer une phrase pareille. « Rachel de Putter, tu es la personne la plus incroyable et la plus forte que je connaisse.

Nous y sommes arrivées. Nous sommes là, toutes les deux, comme promis. Ma fille chérie, je t'aime d'un amour inconditionnel et éternel. »

Les formules ordinaires telles que « la maman et le bébé vont bien » prirent d'un coup tout leur sens. Je ne pensais plus à rien d'autre qu'au bonheur de te voir, de te regarder, de te nourrir, de te vivre. Oui, donner naissance à la vie, c'est donner naissance à l'espoir.

# Chapitre Dix : Les lionnes ne pleurent pas, elles rugissent.

*“Each time a woman stands up for herself,*
*without knowing it possibly,*
*without claiming it,*
*she stands up for all women.”*

Maya Angelou

Il fallut quitter le logement que nous occupions. Les loyers payés à temps et mon engagement dans la communauté, comme stipulé dans le contrat, n’avaient pas suffi. Le Conseil Presbytéral n’a pas changé d’avis. Un appel téléphonique, une rencontre et un courriel, le culte était dit. La pasteure austère avait gagné. La veuve et l’orpheline devaient trouver refuge ailleurs. Les cartons s’empilaient partout dans les pièces de l’appartement. Les déménageurs étaient déjà là alors que je ne savais toujours pas où aller. De tes petits doigts, tu rangeais les livres de contes et de coloriages. Il fallait protéger le petit hélicoptère auquel tu tenais, alors, tu le mis dans ton petit sac à dos où il y avait déjà ta licorne, le livre de pompiers, les feutres et ton cahier de coloriage préféré. Tu ne pleurais pas. Pendant ce temps, les questions affluaient dans mon esprit. N'avais-je pas fait ce que je pouvais ? N'avais-je pas obtenu cet Executive MBA avec une excellente mention, supposé être le Saint-Graal vers des horizons meilleurs ? N'avais-je pas trouvé ce travail qui devait nous apporter la stabilité que les activités de consultante ne permettaient pas ? Où était ce « Dieu au-dessus de Dieu » supposé prendre soin des veuves et des orphelins ?

Mon angoisse montait. Le moment où il fallait indiquer l'adresse finale aux déménageurs arrivait. Nous déménagions mais aucun logement ne nous attendait. Je guettais mon téléphone. J'attendais ce coup de fil qui pouvait nous dépanner, nous offrir un toit pour la nuit. La belle France et ses contradictions offraient une situation intéressante. Je travaillais, mes revenus étaient supérieurs à la moyenne, je payais mes impôts en France mais aucun propriétaire ne voulait louer son logement à une veuve et sa fille. A cela s'ajoutait le racisme. Lorsque je visitais seule, les propriétaires étaient moins rassurés que lorsque tu étais avec moi. Ta jolie peau claire et lumineuse, tes cheveux fins leurs indiquaient qu'il y avait eu un compagnon blanc et leurs attitudes changeaient – mais pas assez pour nous donner les clés. Par spasmes rapprochés, le système continuait à nous faire souffrir de ses aberrations.

Le vibreur du téléphone interrompit le tourbillon de mes lamentations.

- « Bonjour Marie-Alix, C'est Monique K. La propriétaire du logement situé Place Saint-Sulpice.

- Bonjour Monique…

- Etes-vous toujours à la recherche d'un logement ?

- Oui…

- Eh bien, vous pouvez venir chercher les clés du studio tout de suite. Et, si vous avez besoin, vous pouvez y dormir dès cette nuit. Ne restez pas dehors avec votre petite.

- …..

- Marie-Alix?

- Excusez-moi, je suis toute retournée… Je ne sais pas comment vous remercier. Je…euh… je rapporterai les papiers et tout ce qu'il faut.

- On s'occupera de la paperasse plus tard. Venez chercher les clés et n'hésitez pas à me dire si vous avez besoin de quoi que ce soit. »

En raccrochant, je n'avais pas pu m'empêcher de penser à cette phrase qu'un de mes mentors, pourtant pas théologien, aimait à me rappeler : « que rien ne te trouble, que rien ne t'épouvante, tout passe, Dieu ne change pas, la patience obtient tout (…) même si l'on vient à tout perdre, Dieu seul suffit. » Je repensais à des discussions théologiques que j'avais souvent avec Marc Frédéric, et au fait que bien que tous les deux protestants dans un monde séculaire où se dire athée est mieux accepté qu'oser exprimer avoir une vie spirituelle, nos sensibilités n'étaient pas les mêmes. Je suis libérale - à tendance agnostique -, il est luthérien. Tous les deux, au moins, nous étions d'accord sur la définition de miracle. Et là, je venais d'en vivre un. Je découvrirai plus tard que Monique était veuve. Son mari était mort lors d'un accident de voiture quand elle avait trente ans. Leur fille avait deux ans au moment des faits. Elle ne s'était jamais remariée. Aujourd'hui, sa fille était l'heureuse maman de quatre enfants. « Elle a eu l'intelligence d'avoir une famille nombreuse » me confiera-t-elle avant d'ajouter « Marie-Alix, ne faites pas comme moi. Aimez à nouveau. Remariez-vous. Mourir seule, c'est triste. »

La taille de l'appartement ne pouvait pas accueillir nos affaires. Nous avions pris le strict nécessaire, le reste était allé dans un garde-meuble. Monique nous avait offert du réconfort et du temps pour chercher une solution durable. En attendant, j'habitais à l'endroit que j'aime le plus au monde. Une Place à laquelle je devais ma survie psychologique. En plein chaos, avec un enfant d'à peine un an que j'élevais seule, j'avais décidé de reprendre mes études et de faire un Executive MBA. Après l'obtention du diplôme avec mention, je fus contactée par une entreprise multinationale qui, après un long entretien, m'offrit de diriger la marque et la communication.

Dès cet instant, tout alla vite, très vite. Les hauts comme les bas. Ma capacité à gérer de multiples crises simultanément, de réussir là où tous abandonnaient, et de m'adapter aux nombreux changements avec sérénité, me donna rapidement la réputation de « Marie-Alix sans peur ». Et pourtant, comme tout le monde, je peux avoir peur.

Comme cette fois où la police avait dû nous adjoindre une surveillance rapprochée dans notre secteur. Je m'étais aperçue qu'une camionnette nous suivait dans tous nos mouvements, en particulier le matin sur le chemin de la crèche. « Ils » nous menaçaient même ici. Que faire ? S'enfermer et vivre recluses ou choisir la lumière et la liberté ? Je choisis la liberté. Une officier de police m'avait alors conseillé de déménager souvent, de ne pas avoir d'itinéraire récurrent ou d'habitudes trop évidente. Je devais donc gérer cette crainte d'un enlèvement, et pour autant t'apporter amour, sérénité, confiance.

Un matin tôt, j'arrivais d'Abidjan, de retour d'une mission professionnelle. Dans le vol de nuit, j'avais été à côté d'une femme très élégante et charismatique. Son visage m'était familier. Après une heure de conversation, quand elle évoqua furtivement un mari camerounais plutôt connu, et qu'elle me dit qu'elle préférait la discrétion, je l'ai reconnue.

Depuis mon enfance, je me tenais très éloignée des *gossips*, bien que j'en ai toujours été une victime privilégiée. À la mort d'Éric, le déferlement avait été inimaginable. Et pourtant, ma voisine était encore plus exposée. Sa vie était disséquée, ses réactions guettées, ses silences interprétés. Son mariage avait donné lieu à des millions de citations sur les réseaux sociaux, dans la presse people camerounaise et internationale.

Je saluais cette femme qui n'avait pas besoin de donner le nom de son célèbre époux pour se valoriser. Elle apprécia que je ne change pas d'attitude. Entre nous, il y eut comme une forme de compréhension tacite et de respect mutuel. Notre conversation devint amicale et nous emmena à parler de l'intarissable sujet des relations entre les hommes et femmes. Contrairement à mes habitudes, je lui parlais aisément d'Éric, de mon combat quotidien, des difficultés à être une mère seule avec un travail prenant et, en réponse à la question « et depuis, as-tu refait ta vie ? » j'évoquais, sans le nommer, le premier homme à avoir réveillé les battements d'un cœur en cendres pour mieux l'émietter à nouveau.

C'est tout de même étrange, le veuvage. Quand c'est un homme, tout le monde applaudit s'il se remarie après six mois. Parce que la vie doit bien reprendre ses droits. Quand c'est une femme, la même attitude serait jugée indécente. En ce qui me concerne, pendant les deux premières années, cela semblait « normal » à tout le monde que je sois seule, comme si je devais attendre une quelconque approbation. À partir de la troisième année, cela devint pour eux gênant, comme si j'étais devenue inapte.

- « As-tu considéré qu'il est sincère, et qu'il tient vraiment à toi, malgré tout ce que tu vois avec tes yeux de jeune femme ? demanda Georgette.

- Il se dit amoureux. Mais, il ne l'est pas. Il se dit soupirant. Mais, il ne l'est pas. Il m'aime de tout ce que son cœur d'ours blessé peut encore aimer. Mais il a peur. Il dit ne pas être à la hauteur face à « l'immensité » de celle que je suis. S'il dit qu'il n'est pas à la hauteur, c'est qu'il ne l'est pas. Comme le dit si bien Maya Angelou, « il faut toujours croire une personne sur parole et ce, dès la première fois ». En amour, comme dans la vie, avoir peur est normal. N'est-ce pas à cela qu'on reconnaît le courage d'ailleurs ? Ce qui compte c'est de ne pas laisser la peur l'emporter. La vie est tellement courte ! Chaque minute compte. L'imminence de la mort est une raison suffisante de vivre pleinement et de transfigurer tous les moments passés avec ceux qu'on aime.

- Je comprends, me dit-elle en souriant, mais, Marie-Alix, les hommes ne fonctionnent pas sur le même registre. Tu le sais. Il faut l'accepter. Crois-tu en Dieu ?

- … Dieu ? Il y a eu plusieurs phases dans ma vie. Aujourd'hui, je me laisse la liberté de croire quand tous autour de moi sont athées, et la liberté de douter quand je suis entourée de fous de dieu. Une chose est certaine, je suis sûre de l'espérance qui ravive tout, et au fond, douter est ma façon de dire « je crois ».

- Alors, crois que Dieu est là pour toi et pour ta petite fille. Je ne sais pas pourquoi, mais quand je te regarde, je sens que tout ira bien pour toi. »

Cette phrase, je la connaissais par cœur. Tout le monde, proche ou inconnu, ne cessait de me la répéter depuis mon enfance. Et pourtant, j'ai parfois voulu que l'on se préoccupe de mon sort. Rien n'y fit. J'ai toujours été « Marie-Alix-pour-qui-tout-ira-bien ». Ainsi soit-il.

À mon arrivée dans notre nouveau petit chez-nous, tu dormais encore. J'aime te regarder dormir. Tes traits sont détendus et, bien souvent, tu souris dans son sommeil. Tes petites fossettes se creusent, ta lente respiration te berce, le reflet doré de tes cheveux châtains légèrement ondulés sur le visage, tu incarnes la sérénité de la vie. Lentement tu te réveillas et je savourai le gros câlin des retrouvailles après trois jours d'absence. Comme toujours, à peine réveillée tu étais déjà en forme et tu entrepris alors de tout me raconter dans un ordre propre à ta logique. Je te posai des questions sur ta semaine dans ta nouvelle école. Au départ, tu réussiras presque à me faire croire que tu t'y plaisais beaucoup. Puis, arriva brutalement le moment où tu craquas. En me serrant très fort, tu déversas un flot discontinu de larmes. Un véritable déluge. Entre deux souffles, tu finis par me dire ce qui te causait tant de chagrin.

- « Je suis triste maman, à l'école je suis toute seule. Personne ne veut jouer avec moi. Ils disent que je suis marron. Mais je ne suis pas marron ! Je veux rentrer dans mon ancienne école. Là-bas, j'ai mes copains et ils voudront jouer avec moi.

Impossible d'arrêter le flot qui se déversait en continu.

- Ma chérie, regarde-moi, regarde ma peau. Suis-je marron ?

Hochement de tête, doudou à la main.

- Je ne suis pas marron, je suis noire. Ai-je l'air d'être triste d'être noire ? Ai-je l'air d'avoir honte d'être noire ?

- Non maman…

J'allai chercher la photo de ton papa qui ne quittait jamais ta commode. Et nous la regardâmes ensemble.

- De quelle couleur est ton papa ?

- Il est blanc.

- Ton papa était blanc. Ta maman est noire. Et toi, tu es métisse.

- Oui, mais maman, il n'y a pas de couleur métisse ! A l'école, ils disent que je suis marron !

- Et alors ? Face à ton silence, je poursuivis. Tu es intelligente. Tu es drôle. Tu es magnifique.

Tu es parfaite. Et, oui, tu es métisse. Et, comme tout le monde, tu as de la valeur. Si tes copains ne savent pas ce que cela signifie être métisse, ils sont ignorants et ce n'est pas ton problème. Lorsque tu es entourée de blancs, si on te dit que tu es marron, noire, métisse, sois en fière et ne baisse jamais la tête. De la même façon, quand tu auras autour de toi des noirs qui te traiteront de blanche sur un ton péjoratif, ne baisse jamais la tête. Fais leur face et sois fière d'avoir la chance de n'entrer dans aucune case. Aucune case ne sera jamais assez grande pour contenir l'immensité de la personne que tu ne cesseras de devenir. Alors, n'oublie jamais que tu as de la valeur. Jamais. C'est compris ?

- Oui maman, je vais marcher comme toi, me dis-tu en imitant ma démarche, perchée sur des talons imaginaires et nous rîmes de bon cœur. « Tu es la meilleure des mamans de Paris, de France, de tout l'Univers et je t'aime de tout mon cœur ! Le câlin fut encore plus gros.

- Ma chérie, as-tu déjà entendu une lionne pleurer ?

- Non maman…

- Tu es lionne. Et, je vais te dire un secret : les lionnes ne pleurent pas, elles rugissent. »

Alors, tu te mis à rugir, tes petites mains en position d'attaque. Les pleurs avaient cédé la place au rire et au jeu. Je savais que tu n'oublierais jamais cette conversation, moi non plus. Il était déjà temps de te préparer. C'étaient les congés ; et, comme je l'ai souhaité et mis en place, pendant les vacances, ton parrain vient te chercher pour des séjours répartis entre tes oncles et tes grands-parents paternels.

Lorsque la nuit est noire et que la lune est pleine, il est temps pour moi d'aller m'enivrer de Paris. Après plusieurs heures de marche, je finis toujours par m'asseoir sur mon banc fétiche, Place Saint-Sulpice. J'ignore ce que la vie me réserve, des malheurs plus grands ou des bonheurs immenses, et entre les deux des petites joies et contrariétés qui font le quotidien ? Je suis prête à accepter joyeusement la réalité de ce qui vient.

# Remerciements

Ma première pensée va à toi, Maman. Ton amour et ta confiance en moi me donnent des ailes. Louise Engome Njamen, merci d'être toi et d'être là.

Rachel, *my rainbow,* je suis heureuse et honorée d'être ta maman. Merci pour tes câlins d'encouragements, ton sourire dès l'aube, tes prières et méditations, ta gentillesse, tes blagues hilarantes, ta curiosité et ta joie de vivre contagieuse. Je t'aime d'un amour inconditionnel et éternel.

*Chéric*, la mort n'est pas assez forte pour séparer deux personnes qui s'aiment. Merci de continuer à être un modèle d'intégrité et de congruence, de bienveillance et d'humilité, de tendresse et de simplicité. PS : tes blagues pas drôles me font encore sourire.

Mille mercis à mes (quatre !) parents, je ne serais pas moi sans vous. Merci à ma famille - sans oublier les Djibrilla, mes filleuls et leurs parents, mes proches et amis (#1 Siddikatou), aux co-fondateurs / membres / partenaires de l'Association *Semeurs de Liberté*, à toutes celles et ceux qui ont été présents pour nous après le 8 juillet 2012 – vous vous reconnaîtrez.

Marc Frédéric Muller, que ferais-je sans toi ? Merci de m'avoir toujours soutenu et d'avoir une foi inébranlable dans la personne que je ne cesse de devenir.

Merci aux couples Woody, Braunstein, Rive et Carlen pour leur amitié.

Je n'aurais pas pu aller au bout de ce projet sans le soutien indéfectible de mon précieux ami et premier lecteur, Serge Michel. Pour tes encouragements, ta patience, tes conseils, je n'ai pas trouvé d'autres mots pour te témoigner ma reconnaissance. Alors, je te dis simplement du fond de mon cœur : « Merci Serge ».

Un grand merci à toutes les personnes qui ont permis la naissance de ce livre par leurs contributions diverses. Je pense aux éditeurs qui m'ont fait confiance, et surtout à Éric Peyrard d'avoir cru le premier en moi. Merci à mes chers relecteurs : Géraldine O'Neill et Maxime Cuvellier. Pour m'avoir encouragée au démarrage de cette aventure, merci à toi Nadia H.M.

Merci à toutes les femmes de ma vie, mes « autres mamans », mes tatas, mes amies, mes *sistas*, mes mentors, mes thérapeutes, les super nounous, et toutes les autres - vous savez qui vous êtes.

Je songe aux mamans seules qui subliment le quotidien même dans l'adversité, et à tous les parents qui osent élever leurs enfants avec de l'amour, de l'authenticité, du rire et de la liberté.

Une tendre pensée pour tous les enfants, petits et grands, qui rêvent d'un monde meilleur et d'un avenir radieux, merci de continuer à y croire et de les faire advenir.

Mon infinie gratitude va à toutes les personnes qui nous portent dans leurs pensées et prières, érigeant sous chacun de nos pas des ponts d'amour et de solidarité. Je m'incline devant l'étendue miraculeuse de votre générosité.

# Table des matières

Cet ouvrage a été composé en
Garamond corps 12, une police de
caractères créée vers 1532 par le célèbre
fondeur protestant Claude Garamond.
Né au début du XVIe siècle, il apprit son
métier de fondeur de caractères
chez Antoine Augereau, un autre
fondeur et imprimeur protestant
qui sera pendu et brûlé
pour hérésie
en 1534.